MAURICIO ORTIZ CH.

I0168365

DESAFÍOS MINISTERIALES
AFRONTANDO LA OPOSICIÓN EN EL LIDERAZGO

Prólogo por
Dr. PAUL WRIGHT, Ph.D.

PUBLICACIONES
KERIGMA
Ἐν ἀρχῇ ἦν ὁ Λόγος

MAURICIO ORTIZ CH.

DESAFÍOS MINISTERIALES AFRONTANDO LA OPOSICIÓN EN EL LIDERAZGO

Prólogo por
Dr. PAUL WRIGHT, Ph.D.

PUBLICACIONES
KERIGMA
Ἐν ἀρχῇ ἦν ὁ Λόγος

PUBLICACIONES
KERIGMA
Ἐν ἀρχῇ ἦν ὁ Λόγος

© 2023 Publicaciones Kerigma
Salem Oregón, Estados Unidos
http://www.publicacioneskerigma.org

Diseño de Portada: Publicaciones Kerigma

Editor: Abner B. Bartolo H.

2023 Publicaciones Kerigma
Salem Oregón
All rights reserved

Pedidos: 971 304-1735

www.publicacioneskerigma.org

ISBN: 978-1-956778-54-0

Impreso en Estados Unidos

A mis padres Oscar (†) y Eugenia,
a mi esposa Karina,
a mi hermana Julieta,
a mi hija Andrea y a mi yerno Estuardo,
a mi hijo Isaac y a mi nuera María José,
a mi hijo Benjamín,
a mis sobrinos Esteban, Pablo y Joel,
a mi nietas Emilia Inés, Ana Belén y a mis futuros nietos,
por traer tantos momentos insustituibles a mi vida.

A quienes cumplen con su misión
participando así en el establecimiento del Reino de Dios.

ÍNDICE GENERAL

AGRADECIMIENTOS

Ante todo, manifiesto mi profundo agradecimiento a Dios por permitirme participar en el proceso del establecimiento de su Reino afrontando distintos tipos de oposición y obstáculos. Seguidamente, en esta ocasión deseo agradecer a las personas que nos presentaron el Evanglio a mi familia y a mí, especialmente al Dr. Mario Ríos Paredes (†), a su esposa Thelma González de Ríos y familia, fundadores de la Iglesia Evangélica Jeriel; a Jovita Aldana de Marroquín y familia; al Dr. Esteban Sywulka y a su esposa Elisa Sywulka.

Asimismo, valoro mucho la influencia del Rvdo. Roque Carrizo, S. J. (†), quien, durante los años de secundaria en el Liceo Javier, nos inculcó a sus alumnos los principios fundamentales del sistema de valores con énfasis en la disciplina, la responsabilidad y la ética. Agradezco también el aprecio del pastor Manolo Urrutia y de su esposa Lily, y su ejemplo de tenacidad, visión y alcance ministerial. Además, la amistad y el apoyo del Dr. Walter Heidenreich y de su esposa Alfonsina, así como el respaldo de los ancianos y miembros de la Iglesia Nazaret Central al ministerio de traducción bíblica que desempeñamos como familia.

Reconozco sobremanera la paciencia y ayuda de Karina, mi alentadora esposa, durante el desarrollo de este proyecto. Expreso mi agradecimiento a cada uno de los ministros entrevistados que han compartido sus testimonios y experiencias como parte esencial de esta investigación, y la participación de destacados pastores y académicos que han hecho acertadas observaciones para mejorar su estructura y contenido, o la han comentado: Lcda. Karina A. Casanova, M.Th., Dr. Edwin Francisco Concul, Dr. Jorge Gallor, Lic. Luis Garabito, M.Th., Dr. Karel Golcher, Dr. Walter Heidenreich, Dr. Gilberto Montes de Oca, Lcda. Karla Morales de Chavarría, M.Th., Dr. Nelson Morales F., Dr. Jorge A. Ponce, Dr. Francisco Schmidt, Dr. Nicolás E. Tranchini, Dr. Gary Williams y Dr. Paul Wright.

Agradezco a la vez al director ejecutivo de Publicaciones Kerigma, Dr. Jesús Escudero, y a su editor adjunto, Lic. Abner B. Bartolo H., M.Th., por haber evaluado y apreciado este trabajo y por hacer posible su publicación.

COMENTARIOS DE ACADÉMICOS

En este libro Mauricio Ortiz Ch. realiza tres estudios bíblicos biográficos para explorar cómo podemos responder cuando nosotros, como cristianos, encontramos oposición y obstáculos en el cumplimiento de la misión que Dios nos ha asignado. El autor usa un filtro de tres áreas de la vida en las que la oposición o las dificultades pueden surgir: las relaciones interpersonales, las finanzas y la lucha interna o espiritual. Los estudios biográficos se enfocan en tres personajes que enfrentaron oposición y obstáculos en el cumplimiento de su misión: Moisés, Jesús y el apóstol Pablo.

Los estudios demuestran que Mauricio hace un análisis muy completo y cuidadoso del texto bíblico. Maneja adecuadamente las fuentes de investigación, observa la estructura de los pasajes, define los términos importantes, toma en cuenta aspectos contextuales, históricos y culturales e interpreta bien el texto para terminar con las conclusiones sobre cómo responder a la oposición. Además, utiliza muy bien los idiomas originales y encuentra las aplicaciones para todos los que enfrentamos oposición y obstáculos en el cumplimiento de nuestra misión.

En el penúltimo capítulo el autor presenta e interactúa con casos muy particulares de la oposición y los obstáculos en las relaciones interpersonales, en las finanzas y en la lucha interna o espiritual, mostrando diferentes perspectivas sobre cada uno. Como muchas de estas provienen de entrevistas personales, este capítulo deja al lector con el sentir de estar entre cristianos maduros escuchando su conversación sobre los temas. El libro termina con algunas reflexiones teológicas sobre "misión", "Reino de Dios" y "rescate", y cómo estos conceptos se relacionan con la oposición. El resultado es una obra que combina un alto nivel de la investigación bíblica con la aplicación práctica. Aprendí algo valioso de cada capítulo, por lo que recomiendo sobremanera la lectura del libro.

Dr. Francisco Schmidt, D.Min. Profesor de Predicación Expositiva Avanzada, *Dallas Theological Seminary* (DTS). Profesor del *Seminario Teológico Centroamericano* (SETECA).

La oposición a quienes lideran es real. Por tanto ¿cómo pueden los siervos de Dios afrontarla? ¿Podrán superarla? Este es el meollo de este libro. Al final el autor establece dos hallazgos. Uno, Moisés, Jesús y Pablo afrontaron el antagonismo en tres ámbitos clave de su liderazgo: las relaciones, las finanzas y la lucha espiritual. Dos, lo hicieron exhibiendo virtudes y prácticas dignas de imitar, no simplemente de admirar. Este es el desafío para el lector.

Dr. Jorge A. Ponce, D.Min. Director de *Visión Para Vivir*, Centroamérica. Profesor de Planificación Estratégica de la Iglesia, *Dallas Theological Seminary* (DTS). Profesor de Liderazgo del Cambio Organizacional, *Seminario Teológico Centroamericano* (SETECA).

En la secuencia lógica de la estructura de esta exposición, el autor desarrolla diferentes puntos de vista ligados a los conceptos "oposición", "ministerio", "liderazgo", "misión", "Reino de Dios" y "rescate", y los interrelaciona para trasladar al lector un mensaje central integrado. Del elaborado estudio exegético, de los subsiguientes aportes de ministros experimentados en la adversidad, y de sus perspectivas concernientes, se puede concluir que la oposición y los obstáculos que afrontan aquellos que colaboran en el establecimiento del Reino de Dios son una realidad innegable. Además, la participación de los involucrados está alineada a la "misión de Dios", concepto ampliamente definido por los académicos citados en el capítulo final de la obra.

Lcda. Karina A. Casanova, M.Th. Candidata a Ph.D. Profesora de Biblia y Teología, *Seminario Teológico Centroamericano* (SETECA).

¿Se presentan oposiciones y obstáculos en el cumplimiento de nuestra misión? En este libro Mauricio Ortiz Ch. responde a esta pregunta con minuciosidad exegética afirmando que, en efecto, las adversidades en las relaciones interpersonales y las finanzas, y la lucha interna o espiritual, son una constante realidad a afrontar en la vida y ministerio de quienes lideran la grey de Dios.

El autor presenta como ejemplo a Moisés, Jesús y Pablo, describiendo también algunas experiencias personales de pastores, misioneros y académicos para confirmar que, aunque la oposición y las dificultades son reales y diversas mientras se establece el Reino de Dios, existen maneras de sobreponerse a ellas.

La resiliencia, la buena actitud, la sólida administración personal, la proactividad creativa, la confianza en Dios, la perenne oración y la pelea victoriosa de la fe, son algunas acciones imperativas que el líder cristiano debe cometer mientras afronta oposición y obstáculos en el cumplimiento de la misión delegada por Dios. Recomiendo altamente la lectura de este libro para aquellos que se ocupan en establecer el Reino de Dios con esfuerzo y valentía.

Dr. Karel Golcher, D.Min. Misionero de *Spanish World Ministries* para Guatemala, El Salvador y Belice. Pastor de la Iglesia Comunidad Cristiana La Roca, en Quetzaltenango, Guatemala.

Cuando inicié la lectura de este libro no me detuve hasta terminarlo. El contenido aborda la realidad de la oposición y las dificultades en el ministerio. Los tres tipos de oposición y obstáculos presentados por Mauricio Ortiz Ch. son las adversidades comunes que el ministro enfrenta en el cumplimiento de su misión. La investigación, por un lado, tiene un sólido fundamento bíblico-teológico, pero también se plantea desde la experiencia de pastores que han afrontado la hostilidad. Este trabajo es un acercamiento honesto que muestra que en ocasiones no podremos eliminar la oposición y los obstáculos, sino tendremos que seguir adelante confiando en Dios con una identidad clara de quiénes somos y con la convicción de la dignidad de la tarea encomendada. Recomiendo este libro a todo ministro sabiendo que lo alentará a continuar en la obra. Será útil también para todo creyente que desea conocer la realidad que afrontan quienes sirven a Dios.

Dr. Edwin Francisco Concul, D.Min. Pastor de la Iglesia Nueva Jerusalén, en San Miguel Petapa, Guatemala. Profesor del *Seminario Teológico Centroamericano* (SETECA).

El conocimiento y las reflexiones sobre el contenido de este libro serán de valiosa ayuda para el ministro. Mauricio Ortiz Ch. presenta con claridad la oposición y los obstáculos que enfrentaron Moisés, Jesús, y Pablo en las relaciones interpersonales, en el aspecto financiero y en las batallas internas o espirituales. De manera expositiva y práctica el autor nos muestra los desafíos que se presentan en el área pastoral. Aborda los temas con profundidad exegética y teológica, pero a la vez con sencillez y franqueza. Sin duda, este libro será de edificación para la vida espiritual de sus lectores y de bendición para la Iglesia del Señor.

Dr. Gilberto Montes de Oca, D.Min. Pastor de Revive Church, en Dallas, TX. Profesor de la *Facultad de Teología de las Asambleas de Dios de América Latina.* Profesor del *Instituto de Superación Ministerial* (ISUM). Autor del libro *Espíritu Santo, avívanos de nuevo.*

Mauricio Ortiz Ch. nos transporta a los tiempos de tres grandes personajes bíblicos. El primero, Moisés, el líder del pueblo de Israel, afrontando distintos tipos de oposición y obstáculos en el cumplimiento de su misión. Luego nos traslada a los días del segundo personaje, Jesús. Los detalles sobre las dificultades que el Hijo del Hombre afrontó son muy ilustrativos en la argumentación. Y el tercer personaje, el apóstol Pablo, ejemplifica las adversidades que pueden asediar a los llamados por Dios a la vida ministerial. Mauricio plantea que Moisés no logró vencer el impedimento personal con el que luchó gran parte de su vida. Por otro lado, Jesús no venció de manera categórica la oposición humana. ¿Y Pablo? El apóstol, según lo expuesto, no venció definitivamente la obstrucción de un mensajero de Satanás. Otras dificultades sí fueron claramente superadas por los tres protagonistas.

Se observa además que el autor no se limita a un estudio exegético serio de los diferentes pasajes que narran las vivencias de estos personajes bíblicos. También nos lleva a interactuar con diferentes servidores de Dios en la actualidad, quienes transmiten un mensaje real y aplicable sobre la oposición para edificar a la Iglesia de Cristo.

De carácter particular, comprendo el sentir de algunas mujeres en relación con las barreras que enfrentan en su ministerio de predicación y enseñanza en la iglesia local, por el hecho de ser mujer. Y así como lo hicieron los tres personajes descritos en el libro, ¿existirán maneras en las que los hombres y las mujeres de Dios logren vencer la oposición y los obstáculos en su actual peregrinaje? Dejo esta inquietud al lector, quien encontrará las respuestas mientras avance hasta el final del libro.

Lcda. Karla Morales de Chavarría, M.Th. Profesora de Teología, *Seminario Teológico Centroamericano* (SETECA).

El autor de este libro presenta un estudio académico serio y minucioso sobre un tema del que poco se habla en el círculo de quienes servimos al Señor, la oposición y la obstrucción a la misión que Dios nos ha delegado. Celebro la publicación de la presente obra, pues estoy seguro que el conocimiento adquirido por medio de su lectura, y su posterior aplicación, será una herramienta útil para aquellos que estén atravesando situaciones parecidas a las descritas y quieren guiar a otros siervos que participan en el Reino de Dios.

Dr. Jorge Gallor, Ph.D. Pastor misionero en el establecimiento de redes de iglesias, en San Vicente de Raspeig, Alicante, España.

Mauricio Ortiz Ch. puntualiza que cada cristiano tiene un llamado de Dios y una misión por realizar. Para cumplirla deberá afrontar una serie de obstáculos en el camino. El autor nos ayuda a identificar algunos de los escenarios más frecuentes, como la oposición que surge en las relaciones interpersonales o en las esferas espirituales y los desafíos en las finanzas. Tengo la certeza que el contenido de este libro será de mucha ayuda para que el lector halle aliento, afronte las adversidades y siga adelante en el desempeño de su ministerio.

Lic. Luis Garabito, M.Th. Pastor y biblista. Profesor de Teología y Ciencias Bíblicas, *Sociedad Bíblica de Guatemala*. Consultor de traducción bíblica.

PRÓLOGO

Al promocionar la obra misionera, tarea a la cual me he abocado por más de cuatro décadas, son muchas las consultas que he recibido sobre las dificultades para cumplir con lo que Dios ha llamado al siervo o sierva de Dios. Recuerdo una conversación con una madre, quien me consultó sobre el acceso a la atención médica para su hija embarazada que iba a acompañar a su marido a misionar en la Argentina. La inquietud natural por su hija y nieto por nacer, le llevó a desalentar a la joven pareja a seguir el llamado de Dios. Le expliqué la experiencia de mi esposa y mía al ver nacer y criar a nuestros hijos en el "último confín de la tierra", confiando que ella pudiese tener la suficiente confianza para soltar a su hija a la "buena mano de Dios".

Podría agregar muchas otras anécdotas de personas que, bien intencionadas o no, son "opositoras" a las buenas iniciativas de personas que quieren cumplir con el mandato de Dios de ir y predicar el Evangelio a toda criatura. Algunos misioneros han superado las barreras de la crítica de la familia, de la falta de finanzas y de la lucha interna o espiritual, pero otros no. En esos momentos de cuestionamiento es necesario tomar perspectiva, la óptica de Dios, partiendo de las Escrituras para aprender de los que nos han antecedido.

El autor de este pequeño tomo, Mauricio Ortiz Ch., ha comenzado el proceso de bucear en la Palabra de Dios y encontrar lecciones provenientes del ministerio de Moisés, Jesús y Pablo para guiarnos en responder bíblicamente a la oposición que surge en el cumplimiento de nuestro llamado. Presenta en síntesis lo que fue parte de su trabajo de tesis para el título de Doctor en Ministerio del *Seminario Teológico de Dallas* (DTS), brindando bases exegéticas y bíblico-teológicas para afrontar situaciones tan comunes en el ministerio pastoral y misionero.

Acertado en exponer las Escrituras como así también en aplicar las lecciones al ministerio, el autor de este tomo presenta al lector un buen fundamento sobre el cual responder bíblicamente a los que se oponen. No podemos sino hacer eco de 2 Timoteo 2:24-26:

> *Y el siervo del Señor no debe ser rencilloso, sino amable para con todos, apto para enseñar, sufrido, corrigiendo tiernamente a los que se oponen, por si acaso Dios les da el arrepentimiento que conduce al pleno conocimiento de la verdad, y volviendo en sí, escapen del lazo del diablo, habiendo estado cautivos de él para hacer su voluntad. (LBLA)*

Sin duda, la Palabra de Dios puede brindar mucho más a la persona que busca soluciones a la problemática ministerial. No obstante, este pequeño libro es un buen lugar para comenzar. Que el Señor lo bendiga.

Dr. Paul Wright, Ph.D. Escritor. Profesor de Biblia y Teología. Rector del *Instituto Bíblico Evangélico Mendoza* (IBEM), en Mendoza, Argentina.

Capítulo 1

INTRODUCCIÓN

En el 2014 los esposos Bill y Emily Brian residían en su extraordinaria propiedad en Elberfeld al noreste de Evansville, Indiana. Tenían tres hijos propios y habían adoptado a tres niños guatemaltecos. Con frecuencia realizaban viajes misioneros a Guatemala para colaborar con asistencia sanitaria a niños de familias de escasos recursos, ya que Bill es médico de profesión. Con el correr del tiempo el matrimonio decidió responder al llamado de Dios para establecerse en Guatemala, lo cual causó la oposición de familiares y amigos. ¿Por qué dejar una vida de seguridad y confort para radicarse en un país como ese? Pero a pesar de la oposición y haciendo caso omiso de sus opiniones, los Brian vendieron sus propiedades y al llegar a Guatemala iniciaron un ministerio de apoyo a orfanatos y ayuda médica para niños de familias carenciadas, el cual perdura y ha fructificado hasta hoy.

La reflexión preliminar sobre el testimonio de la familia Brian y muchos casos similares es que, en el proceso de la misión que Dios encomienda, hay algunos tipos de oposición y obstáculos que se deben afrontar, y en la medida de lo posible, vencer. Además, se debe tener sumo cuidado de no estorbar el cumplimiento de la misión de otros creyentes cuyo anhelo es agradar y servir a Dios. Con este ejemplo en mente y las experiencias personales del autor de este estudio, surge la idea que da origen al tema del libro.

En este capítulo inicial se presenta el problema a tratar enfocado en un grupo selecto, en el sentido de quienes lo forman tienen un llamado de Dios para cumplir con una misión específica participando así en el establecimiento del Reino. Luego se formula la pregunta que dirige el curso de esta investigación. Se exponen la justificación y los objetivos del estudio. Después se traza la metodología a seguir. Finalmente se describen las delimitaciones y se definen los términos más importantes relacionados con el tema investigado.

Presentación del problema

En este estudio se plantea el problema de la oposición y los obstáculos que surgen en el ministerio y el liderazgo de quienes son llamados a cumplir con la misión delegada por Dios, afrontando diversas adversidades y dificultades, como participantes en el establecimiento del Reino. Partiendo de esta amplia idea preliminar surge el título de este libro: *Desafíos ministeriales: Afrontando la oposición en el liderazgo*.

Consecuentemente, se consideran tres tipos básicos de oposición, obstáculos y desafíos: en las relaciones interpersonales, en la gestión financiera y en la lucha interna o espiritual. De esta manera, el curso de la presente investigación está dirigido por la pregunta: "En el ministerio y el liderazgo de quienes son llamados a cumplir con la misión delegada por Dios, como participantes en el establecimiento del Reino, ¿cuáles son las formas de afrontar la oposición, los obstáculos y los desafíos que surgen en las relaciones interpersonales, en la gestión financiera y en la lucha interna o espiritual?".

El siguiente cuadro muestra los tres tipos de adversidades vinculadas a los tres enfoques presentando tres casos bíblicos: en el cumplimiento de la misión de Moisés, de Jesús y de Pablo. Aunque no existe una correlación paralela exacta entre los mismos, se exponen las circunstancias concretas de cada caso guardando la cautela exegética apropiada para mostrar al lector los distintos niveles de interpretación de la exposición como base para los capítulos restantes.

Correlación entre el tipo de oposición–caso–enfoque

No.	Tipo de oposición/ obstáculo/ desafío	Enfoque de cada tipo de oposición/obstáculo/desafío		
		El caso de Moisés	**El caso de Jesús**	**El caso de Pablo**
1	Relaciones interpersonales	• Familiares • Líderes de Israel	• Familiares • Líderes religiosos • No creyentes	• Líderes religiosos, los falsos apóstoles
2	Gestión financiera	• Descontento del pueblo por la falta de comida • Desconfianza en la provisión de Dios	• Vivienda • Sustento personal	• Sustento personal • Colecta para los cristianos de Jerusalén
3	Lucha interna o espiritual	• Impedimento para hablar	• Satanás y los demonios	• Mensajero de Satanás

Según la presentación del problema descrito y la correlación entre el tipo de oposición–caso–enfoque mostrada, es pertinente hacer una aclaración previa a la definición de los términos clave incluida al final de este capítulo. El término "oposición" se utiliza principalmente en referencia a las adversidades que surgen en las relaciones interpersonales y en la lucha espiritual con Satanás y los demonios, es decir, en relación con los opositores humanos y espirituales. Por otro lado, el término "obstáculo" se aplica básicamente respecto a los desafíos en la gestión financiera. El término también se emplea en referencia a la lucha interna causada por un impedimento personal (físico o emocional).

Justificación

Esta investigación es importante porque su contenido trata el tema de la oposición, los obstáculos y los desafíos que surgen en el ministerio y el liderazgo de quienes son llamados a cumplir con la misión delegada por Dios, afrontando diversas adversidades y dificultades, como participantes en el establecimiento del Reino. En la exposición de los capítulos 2-5 se presentan las posibles soluciones al problema y se encuentran también las aplicaciones correspondientes en cada etapa del estudio, hasta culminar en el capítulo 6 con las reflexiones, la integración de todos los conceptos desarrollados y las conclusiones generales.

Objetivos

Los objetivos de esta investigación son, primero, trazar un fundamento bíblico-teológico sobre los conceptos "oposición", "obstáculos" y "desafíos", entre otros temas relacionados, que surgieron en el cumplimiento de la misión de Moisés, Jesús y Pablo, vinculados con los tres tipos básicos de adversidades considerados: las relaciones interpersonales, la gestión financiera y la lucha interna o espiritual. Este es el objetivo central de la exposición. El segundo objetivo es complementar el estudio bibliográfico con algunas perspectivas ministeriales de académicos y de líderes en el desempeño pastoral o misionero, que comparten sus testimonios y experiencias vinculadas con los tres tipos mencionados. El tercer objetivo es presentar algunas reflexiones, la integración de los conceptos desarrollados y las conclusiones finales.

Metodología

En el capítulo 2 se expone un estudio bibliográfico tocante a los tres tipos de oposición y obstáculos considerados, las relaciones interpersonales, la gestión financiera y la lucha interna, que surgieron en el cumplimiento de la misión de Moisés. En vinculación con el primer tipo, se muestra que afrontó la oposición que surge en las relaciones interpersonales con sus familiares y líderes de Israel. En relación con el segundo tipo, se describe que afrontó los desafíos que surgen en la gestión financiera dentro del enfoque del concepto "comida y provisión de Dios" en medio de la oposición de parte del pueblo hambriento. En conexión con el tercer tipo, se expone que afrontó la lucha interna que surge dentro del enfoque de la manera en que un impedimento puede obstaculizar el desempeño de un ministro.

En el capítulo 3 se presenta un estudio bibliográfico tocante a los tres tipos de oposición y obstáculos considerados, en las relaciones interpersonales, en la gestión financiera y en la lucha espiritual, que surgieron en el cumplimiento de la misión de Jesús. En vinculación con el primer tipo, se muestra que afrontó la oposición que surge en las relaciones interpersonales con sus familiares, seguidores, líderes religiosos y no creyentes. En relación con el segundo tipo, se describe la manera en que afrontó un posible obstáculo en la gestión financiera dentro del enfoque de vivienda y sustento personal. En conexión con el tercer tipo, se expone que afrontó la oposición que surge en la lucha espiritual con Satanás y los demonios.

En el capítulo 4 se presenta un estudio bibliográfico tocante a los tres tipos de oposición y obstáculos considerados, en las relaciones interpersonales, en la gestión financiera y en la lucha espiritual, que surgieron en el cumplimiento de la misión de Pablo. En vinculación con el primer tipo, se muestra que afrontó la oposición que surge en las relaciones interpersonales con líderes religiosos, los falsos apóstoles influyentes en la iglesia de Corinto. En relación con el segundo tipo, se describe que afrontó los desafíos que surgen en la gestión financiera en su sustento personal y en su actividad misionera. En conexión con el tercer tipo, se expone que afrontó la oposición que surge en la lucha espiritual con un emisario de Satanás.

En el capítulo 5 se complementa el estudio bibliográfico con algunas perspectivas ministeriales de académicos y de líderes en el desempeño pastoral o misionero, que comparten sus testimonios y experiencias relacionadas con los tres tipos de oposición y obstáculos considerados. Se sigue la misma estructura expositiva de los capítulos 2-4: sobre la oposición y obstáculos que surgen en las relaciones interpersonales, en la gestión financiera y en la lucha interna o espiritual.

En el capítulo 6 se presentan algunas reflexiones actuales sobre los conceptos "misión", "Reino de Dios" y "rescate", en relación con el concepto "oposición", y la integración de los conceptos expuestos. Finalmente se cierra con las conclusiones de la investigación.

Delimitaciones

Este estudio está delimitado al argumento de la oposición, los obstáculos y los desafíos, entre la extensa posibilidad de temas ministeriales y fuentes relacionadas disponibles. Se consideran solo los tres tipos básicos de adversidades que surgen en el cumplimiento de la misión de quienes participan en el establecimiento del Reino de Dios: en las relaciones interpersonales, en la gestión financiera y en la lucha interna o espiritual. Pueden darse otros tipos de adversidades que no se consideran aquí; estos podrían ser el tema de investigaciones futuras.

La disertación está delimitada al estudio principal de solo algunos pasajes bíblicos representativos con base en los tipos de oposición, obstáculos, desafíos y temas relacionados que surgieron en el cumplimiento de la misión de Moisés (Éx 3, 4, 6, 16, 20; Nm 11-16), Jesús (Mr 1, 2, 3, 5, 6, 9, 15; Mt 2, 4, 8, 9, 12, 13, 17; Lc 5, 8, 9) y Pablo (2 Co 8-13). Como complemento del estudio bibliográfico se incluyen algunas perspectivas ministeriales de académicos y de líderes en el desempeño pastoral y misionero, los cuales fueron seleccionados por el autor de este libro. Además, como ya se hizo mención, en el capítulo 6 se expone sobre los conceptos "misión", "Reino de Dios" y "rescate", en vínculo con el concepto "oposición", y respecto a la integración de los mismos.

El estudio no está basado en ninguna metología de investigación estadística cuantitativa o cualitativa. Tampoco inicia con el planteamiento de una o más hipótesis, pues el autor no pretende partir de enunciados que debe comprobar o improbar. Con base en el fundamento bíblico exegético sobre los conceptos indicados y el complemento de testimonios y experiencias relacionadas con los tres tipos de oposición y obstáculos considerados conexos al tema de investigación, y los aportes de reconocidos académicos que exponen sobre los conceptos "misión", "Reino de Dios" y "rescate", se cierra el estudio con las reflexiones, la integración y las conclusiones finales.

Definición de términos clave

A continuación se definen los términos clave afines a la investigación. Según el título de este libro, el infinitivo "desafiar" significa "enfrentarse a las dificultades con decisión"; por tanto, el sustantivo "desafío" implica "la acción y efecto de desafiar".[1] El sustantivo "ministerio" (que en esta exposición está asociado a los conceptos "misión", "Reino de Dios" y "rescate") refiere "el cargo o dignidad de ministro", "oficio u ocupación".[2] El término διακονία se entiende

---

[1] "Desafiar", *DRAE*, 2021, https://dle.rae.es/desafiar#CMwXFZM (30 de enero de 2023); "Desafío", *DRAE*, 2021, https://dle.rae.es/desaf%C3%ADo?m= form#otras (30 de enero de 2023).

[2] "Ministerio", *DRAE*, 2021, https://dle.rae.es/ministerio?m=form (30 de enero de 2023). Daniel S. Schipani menciona que los diversos ministerios especializados son la enseñanza, el cuidado y el consejo pastoral, la predicación, la administración y otros. Los ministerios no son fines en sí mismos, sino que están precisamente al servicio de la razón de ser de la Iglesia. Daniel S. Schipani, "La iglesia y el ministerio educativo: El contexto eclesial como paradigma", *Kairós* 37 (julio-diciembre de 2005): 129. Desde una perspectiva eclesiológica,

generalmente como "servicio" (Heb 1:14); como "caridad dando ayuda, apoyo, o arreglos para la provisión" (Hch 6:1); "servir o preparar comidas" (Lc 10:40); o "el rol o posición de alguien que sirve a Dios en una tarea especial" (Ro 12:7; 1 Ti 1:12).[3] Se define como una función (Hch 1:17).[4] De esta manera, en este estudio el término se comprende como "el ejercicio de un don, función, actividad, oficio u ocupación en el servicio a Dios" (1 Co 12:4-11; Ro 12:3-8; cf. Ef 4:11-16).

Por tanto, un "ministro" refiere a alguien que "sirve a otros" siguiendo el ejemplo de la misión Jesús (Mr 10:45; cf. Mt 20:28). No hay que idealizarlo como alguien superior a los demás que impone su autoridad, como se ha aplicado de manera inapropiada en algunos círculos evangélicos, sobre todo cuando existe la atribución del título "apóstol" interpretando su significado con otros propósitos.[5] El término relativo al sustantivo "ministerio" es el adjetivo "ministerial", es decir, "perteneciente a un ministerio o a un ministro".[6]

---

los ministerios no pueden tener metas separadas del propósito esencial de la Iglesia, que es ser una muestra y un anticipo del Reino de Dios y una invitación continua a vivir según la ética y la política del Reino. Ibíd., 129-130. Los ministerios existen con el fin último de habilitar a la Iglesia para la adoración, equiparla para la vida comunitaria y capacitarla para la misión. Ibíd., 130.

[3] Timothy Friberg, Barbara Friberg y Neva F. Miller, "διακονία", *Analytical Greek Lexicon* (Bloomington, IN: Trafford, 2006, versión BibleWorks 10).

[4] Amador Ángel García Santos, *Diccionario del Griego Bíblico: Setenta y Nuevo Testamento*, Instrumentos para el estudio de la Biblia 21 (Estella: Verbo Divino, 2011), 201; Klaus Hess, "διακονέω", *The New Dictionary of New Testament Theology*, ed. Colin Brown (Grand Rapids, MI: Zondervan, 1979), 3:544-549.

[5] El autor de este libro no cuestiona la vigencia de *todos* los ministerios, pero sí las facultades desviadas que algunos de estos podrían implicar.

[6] "Ministerial", *DRAE*, 2021, https://dle.rae.es/ministerial?m=form (30 de enero de 2023).

El infinitivo "afrontar" (y el gerundio "afrontando") significa "poner cara a cara", "hacer frente al enemigo, a un peligro, problema o situación comprometida".[7] El sustantivo "oposición" indica "la acción y efecto de oponerse, la contrariedad o antagonismo entre personas". El infinitivo "oponer" implica "ponerse en contra de alguien para entorpecer o impedir su efecto (impugnar, estorbar o contradecir un designio)". El adjetivo "opositor" es relativo a la oposición o a la labor opositora. Refiere a una persona que se opone a otra.[8]

Existe una gran variedad de libros y artículos con temas análogos a la oposición, como la resistencia al cambio, resolución de conflictos y similares.[9] Con base en las meta-teorías del liderazgo organizacional, algunos autores cristianos

---

[7] "Afrontar", *DRAE*, 2021, https://dle.rae.es/afrontar?m=form (30 de enero de 2023).

[8] "Oposición", *DRAE*, 2021, https://dle.rae.es/oposici%C3%B3n?m=form (30 de enero de 2023); "Oponer", *DRAE*, 2021, https://dle.rae.es/oponer?m=form (30 de enero de 2023); "Opositor", *DRAE*, 2021, https://dle.rae.es/opositor?m=form (30 de enero de 2023). Véase la aclaración del último párrafo de la presentación del problema (pp. 21-22).

[9] Entre las fuentes que exponen el concepto "resistencia al cambio" destaca el clásico Lyle E. Schaller, *The Change Agent: The Strategy of Innovate Leadership* (Nashville, TN: Abingdon Press, 1972). Asimismo, John P. Kotter, *Leading Change* (Boston, MA: Harvard Business School Press, 1996); John P. Kotter, *A Sense of Urgency* (Boston, MA: Harvard Business Press, 2008); Aaron D. Anderson, *Engaging Resistance: How Ordinary People Successfully Champion Change* (Stanford, CA: Stanford Business Books, 2011). En el contexto latinoamericano figura Jorge A. Ponce, "La metodología del SETECA para la administración del cambio organizacional y el grado en que la misma facilita al personal asimilar el cambio organizacional" (tesis de D.Min., Seminario Teológico de Dallas, 2006). Sobre el tema del liderazgo resiliente cabe mencionar el libro Jorge A. Ponce, *Liderazgo resiliente: Convirtiendo las oportunidades del nuevo comienzo en ventaja* (Guatemala: Punto Creativo, 2022).

han acuñado cierta terminología relacionada para su aplicación en el campo eclesiástico.[10]

No se propone desechar los modelos pragmáticos del liderazgo no eclesial porque muchos de sus exponentes han sabido proyectarse con valiosos aportes. Se sugiere filtrarlos para luego aplicarlos dentro de una estrategia con base bíblico-teológica, ya que el liderazgo cristiano, aunque podría valerse de técnicas y métodos, trata con asuntos espirituales.[11] Jorge A. Ponce indica: "Ciertos acontecimientos incluidos en la historia bíblica pueden documentarse como procesos de liderazgo de cambio organizacional y por tanto es posible reflexionar acerca de las lecciones aprendidas por quienes vivieron la experiencia y derivar de ellas los principios bíblicos útiles el día de hoy".[12]

El sustantivo "líder" refiere a una persona que "dirige o conduce un grupo social u otra colectividad" o que "va a la

---

[10] Russell L. Huizing, "Leaders from Disciples: The Church's Contribution to Leadership Development", *Evangelical Review of Theology* 35, no. 4 (2011): 333-334.

[11] Entre los libros enfocados en el concepto "oposición ministerial" están: Guy Greenfield, *The Wounded Minister: Healing from and Preventing Personal Attacks* (Grand Rapids, MI: Baker, 2001); G. Lloyd Rediger, *Clergy Killers: Guidance for Pastors and Congregations Under Attack* (Louisville, KY: Westminster John Knox Press, 2009); James P. Osterhaus, Joseph M. Jurkowski y Todd A. Hahn, *Thriving through Ministry Conflict: A Parable on How Resistance Can Be Your Ally* (Grand Rapids, MI: Zondervan, 2010); Kent Crockett y Mike Johnston, *Pastor Abusers: When Sheep Attack Their Shepherd* (Prattville, AL: Kent Crockett, 2012); Carey Nieuwhof, *Leading Change Without Losing It: Five Strategies That Can Revolutionize How You Lead Change When Facing Opposition (The Change Trilogy for Church Leaders)* (Cumming, GA: The reThink Group Inc., 2012, versión Kindle); Joel R. Beeke y Nicholas J. Thompson, *Pastors and their Critics: A Guide to Coping with Criticism in the Ministry* (Phillisburg, NJ: P&R Publishing, 2020).

[12] Ponce, "La metodología del SETECA para la administración del cambio organizacional", 69.

cabeza entre los de su clase". Así, el sustantivo "liderazgo" significa "la condición de líder" o "el ejercicio de las actividades del líder".[13]

Seguidamente se definen también otros términos clave relacionados con la investigación. El sustantivo "obstáculo" significa "impedimento, dificultad o inconveniente".[14] El adjetivo "adverso" se entiende como "contrario, enemigo o desfavorable". El sustantivo "adversidad" indica "la cualidad de adverso", "infortunio" o "situación lamentable en la que alguien se encuentra". El sutantivo "dificultad" se define como "la oposición o la contrariedad que impide conseguir o ejecutar algo bien y pronto".[15]

El infinitivo "cumplir" implica "la acción de llevar a efecto algo, como un deber, una orden, un encargo, un deseo o una promesa". Indica "hacer aquello que se debe o a lo que está obligado", como "cumplir con Dios", "bastar", "ser suficiente", "verificarse" o "realizarse". El sustantivo "cumplimiento" significa "la acción y efecto de cumplir o cumplirse". Se comprende como "la perfección en el modo de obrar o de hacer algo".[16] El sustantivo "misión", en términos generales, define

---

[13] "Líder", *DRAE*, 2021, https://dle.rae.es/l%C3%ADder?m=form (30 de enero de 2023); "Liderazgo", *DRAE*, 2021, https://dle.rae.es/liderazgo?m=form (30 de enero de 2023).

[14] "Obstáculo", *DRAE*, 2021, https://dle.rae.es/obst%C3%A1culo?m=form (31 de enero de 2023).

[15] "Adverso", *DRAE*, 2021, https://dle.rae.es/adverso?m=form (31 de enero de 2023); "Adversidad", *DRAE*, 2021, https://dle.rae.es/adversidad?m=form (31 de enero de 2023); "Dificultad", *DRAE*, 2021, https://dle.rae.es/dificultad?m=form (31 de enero de 2023).

[16] "Cumplir", *DRAE*, 2021, https://dle.rae.es/cumplir?m=form (31 de enero de 2023); "Cumplimiento", *DRAE*, 2021, https://dle.rae.es/cumplimiento?m=form (31 de enero de 2023).

"la acción de enviar", "el poder o facultad que se da a alguien para desempeñar algún cometido" o "una comisión o encargo". El infinitivo "delegar" se entiende como "dar la jurisdicción de una persona que tiene por su dignidad u oficio a otra, para que haga sus veces o para conferirle su representación".[17]

El infinitivo "participar" significa "tomar parte en algo" o "recibir una parte de algo". El infinitivo "establecer" se comprende como "fundar o instituir".[18] La frase "Reino de Dios" refiere a la esfera en la que Dios reina, donde su voluntad es respetada y cumplida.[19] George Eldon Ladd define la "voluntad de Dios" como "el dominio del mal y la conducción final de su pueblo a la inmortalidad de la vida eterna del siglo venidero". Aunque esta es una definición escatológica, Ladd explica que el Reino de Dios estuvo activo en el AT. En sucesos tales como el Éxodo y la cautividad de Babilonia, Dios estuvo actuando con su poder soberano para liberar o juzgar a su pueblo. Sin embargo, el Reino de Dios *vino* a la historia en la persona y misión de Jesús.[20] En este sentido, Ladd resume lo que la erudición sostiene casi unánimemente al respecto:

---

[17] "Misión", *DRAE*, 2021, https://dle.rae.es/misi%C3%B3n?m=form (31 de enero de 2023); "Delegar", *DRAE*, 2021, https://dle.rae.es/delegar?m=form (31 de enero de 2023); "Delegada", *DRAE*, 2021, https://dle.rae.es/delegado?m=form (31 de enero de 2023).

[18] "Participar", *DRAE*, 2021, https://dle.rae.es/participar#S09ab8h (31 de enero de 2023); "Establecer", *DRAE*, 2021, https://dle.rae.es/establecer?m=form (31 de enero de 2023).

[19] Samuel Vila y Santiago Escuain, "Reino de Dios, Reino de los cielos", *Nuevo Diccionario Bíblico Ilustrado* (Terrassa: CLIE, 1985), 998.

[20] George Eldon Ladd, *Teología del Nuevo Testamento* (Barcelona: CLIE, 2002), 102.

El "Reino de Dios" fue el mensaje central de Jesús. Marcos introduce la misión de Jesús con las palabras: "Y después que Juan fue entregado, vino Jesús a Galilea proclamando la buena noticia de Dios y diciendo: 'Se ha cumplido el tiempo y se ha acercado el Reino de Dios; convertíos y creed en la buena noticia'" (Mr 1:14-15). Mateo sintetiza el ministerio de Jesús de esta manera: "Y recorría toda Galilea enseñando en las sinagogas de ellos y proclamando la buena noticia del Reino..." (Mt 4:23). La escena introductoria en Lucas no menciona el Reino de Dios, pero en su lugar cita una profecía de Isaías acerca del advenimiento del Reino y luego agrega la afirmación de Jesús: "Hoy ha sido cumplida esta Escritura ante vuestros oídos" (Lc 4:21).[21]

James A. Scherer concibe que el fin de la misión es el establecimiento del Reino de Dios. Jesús vino proclamando el Reino y en su ministerio mesiánico lo encarnó a través de actos de sanación, redención y reconciliación. La iglesia no es ni el fundamento de la misión de Dios ni su meta. La misión es más que un proceso de reproducción de iglesias. Es un testigo de la plenitud de la promesa del Reino de Dios. Es también una participación con Cristo en la lucha continua entre el Reino de Dios y los poderes de las tinieblas y el mal en este mundo.[22]

Por último, el infinitivo "rescatar" significa "recobrar por precio o por fuerza lo que el enemigo ha cogido, y por

---

[21] George Eldon Ladd, *El Evangelio del Reino: Estudios bíblicos del Reino de Dios*, trad. George A. Lockward S. (Miami, FL: Vida, 1986), 87-88.

[22] James A. Scherer, *Gospel, Church, & Kingdom: Comparative Studies in Word Mission Theology* (Eugene, OR: Wipf and Stock, 2004), 84.

extensión, cualquier cosa que pasó a mano ajena".[23] Todos estos términos o sus derivados se mencionan en el contenido de este libro, y los conceptos "misión", "Reino de Dios" y "rescate", se explican con más detalle en las reflexiones e integración del capítulo 6.

Presentadas estas definiciones preliminares, en el desarrollo de los capítulos 2-4 se citan diversas fuentes académicas de contenido bíblico-exegético y en el capítulo 5 se incluyen algunas perspectivas ministeriales de académicos y de líderes experimentados en cómo afrontar la oposición y los obstáculos en el cumplimiento de la misión delegada por Dios.

---

[23] "Rescatar", *DRAE*, 2021, https://dle.rae.es/rescatar?m=form (31 de enero de 2023); "Rescate", *DRAE*, 2021, https://dle.rae.es/rescate?m=form (31 de enero de 2023).

Capítulo 2

EL CASO DE MOISÉS

Misión

Y dijo Yahvé: Vi la aflicción de mi pueblo que está en Egipto y escuché su clamor a causa de sus opresores pues conocí sus sufrimientos. Y descendí para librarlos de mano de los egipcios y para hacerlos subir de esa tierra a una tierra buena y ancha, a tierra que fluye leche y miel...Y ahora he aquí que el clamor de los hijos de Israel vino a mí, y también vi la opresión con la que los egipcios los oprimen. Y ahora ve y te envío a Faraón y saca a mi pueblo, los hijos de Israel, de Egipto (Éx 3:7-10; cf. v. 17).[1]

En este capítulo se presenta un estudio bibliográfico tocante a los tres tipos de oposición y obstáculos considerados, en las relaciones interpersonales, en la gestión financiera y en la lucha interna, que surgieron en el cumplimiento de la misión de Moisés. En vinculación con el primer tipo, se muestra que afrontó la oposición que surge en las relaciones interpersonales con sus familiares y líderes de Israel. Luego, en relación con el segundo tipo, se describe que afrontó los desafíos que surgen en la gestión financiera dentro del enfoque del concepto "comida para el pueblo y provisión de Dios". Después, en conexión con el tercer tipo, se expone que afrontó los

---

[1] "Esta fue una misión de Moisés de inmensa importancia, pero su misión global no terminó con el Éxodo". Gary Williams, "Observaciones", correo electrónico enviado a Mauricio Ortiz Ch., 23 de enero de 2023. Las traducciones de las citas del AT son del autor de esta investigación con base en el Texto Masorético; Ricardo Cerni, *Antiguo Testamento interlineal hebreo-español*, 4 volúmenes (Barcelona: CLIE, 1990) y los diccionarios consultados en cada caso.

obstáculos que surgen en la lucha interna dentro del enfoque de la manera en que un impedimento puede afectar el desempeño de un ministro. Finalmente se cierra el capítulo con la conclusión respectiva. A continuación se presentan estos tipos de oposición y obstáculos delimitando el estudio a algunos pasajes representativos de Éxodo y Números.

En el cumplimiento de su misión, Moisés afrontó la oposición que surge en las relaciones interpersonales

Números 11-16 relata la transición del pueblo de Israel para llegar a ser una nación. Moisés, como el intermediario elegido por Dios (Éx 20:18-19) experimentó las luchas de un pueblo que pasaba de la esclavitud de Faraón a la participación del pacto con Yahvé, un cambio formativo para los israelitas. Mientras recorrían el desierto hacia la Tierra Prometida, el viaje transcurría entre confusión, dificultades y desafíos, mientras el pueblo dudaba tanto de Moisés como de Yahvé. La gente se quejaba, quería regresar a Egipto y manifestaba una abierta oposición a su líder.[2] Mientras los israelitas viajaban desde el monte Sinaí hasta el oasis de Cades, alrededor de ochenta kilómetros al sur de la frontera de la Tierra Prometida, mostraban su descontento por la abstinencia de una dieta alimenticia variada.[3]

En vinculación con el primer tipo de oposición, según Nm 12:1-2, Moisés fue desafiado por Miriam y Aarón debido a

---

[2] Nick Carter, "Adaptive Leadership: Planning in a Time of Transition", *Theological Education* 46, no. 2 (2011): 7.

[3] Irene Nowell, "Moses: The Embattled Leader of the Israelites in the Book of Numbers", *The Bible Today* 59, no. 1 (2021): 7-8.

su elección matrimonial y a su estado profético superior. Ambos eran sus hermanos (26:59) y co-líderes en el Éxodo de Egipto (Mi 6:4).[4] En relación con el primer señalamiento, algunas razones de las quejas contra la esposa cusita de Moisés son probables: la impureza de culto, su extranjería o incluso su raza. El texto no dice nada sobre tales asuntos ni acerca de su identidad.[5] No está clara la relación de la esposa de Moisés con la autoridad profética de Miriam y Aarón.[6] Tocante a la segunda causa, es probable que ellos se sintieran menospreciados porque Yahvé eligió a Moisés, y los celos se expresaran en oposición directa, pero a menudo de maneras más sutiles.[7] La disputa se considera una incongruencia, es decir, la conexión entre la decisión de Moisés de casarse con una mujer cusita y el hecho de que Yahvé lo eligiera como su portavoz. Más bien parece una rivalidad entre hermanos.[8]

Miriam y Aarón hablaron contra Moisés: "¿Acaso solo por Moisés habló Yahvé? ¿Acaso no habló por nosotros también?" Y oyó Yahvé (Nm 12:2). En ese escenario Moisés es descrito como el hombre más "afligido" sobre la faz de la tierra (v. 3) y Yahvé intervino a favor de él (vv. 6-10).[9] El

---

[4] S. David Sperling, "Miriam, Aaron and Moses: Sibling Rivalry", *Hebrew Union College Annual* 70 (1999): 39.

[5] Rodney S. Sadler, "Can a Cushite Change His Skin? Cushites, 'Racial Othering' and the Hebrew Bible", *Interpretation* 60, no. 4 (2006): 396-397; Stanley Schneider, "Moses in Cush: Development of the Legend", *Jewish Bible Quarterly* 47, no. 2 (2019): 113.

[6] Moshe Reiss, "Miriam Rediscovered", *Jewish Bible Quarterly* 38, no. 3 (2010): 186.

[7] Mark D. Vander Hart, "Being Christlike in Conflict: Perspectives from the Old Testament", *Mid-America Journal of Theology* 27 (2016): 112.

[8] Reiss, "Miriam Rediscovered", 186.

[9] En un relato posterior los espías también usaron las palabras como un arma de subversión mientras difundían sus informes entre la gente (Nm 13:32). Adriane B. Leveen, "Variations on a Theme: Differing Conceptions of Memory in

término עָנָו (ʿānāw) significa "humilde", "pobre" o "afligido", es decir, alguien que se considera poco delante de Dios.[10] Entre las veinticinco ocurrencias del término עָנָו en el AT, Jacob Milgrom observa que Nm 12:3 es un caso único en singular. El significado también podría implicar "buscar a Yahvé" (Sal 22:27), una referencia a la devoción o confianza. También se aplica en alusión a los débiles o explotados (Is 11:4; Am 2:7), pero nunca significa "manso".[11]

Cleon Rogers sugiere que el significado del término es "cargado", "oprimido" o "miserable" y presenta evidencias etimológicas, de uso y de contexto.[12] Considera difícil que en este pasaje el concepto sea "mansedumbre" o "humildad", pues el elemento de comparación es una parte integral de la declaración. El estado de Moisés era "más que el de cualquier hombre sobre la faz de la tierra" (Nm 12:3), pero es difícil ver cómo alguien manso o humilde podía hacer tal afirmación de sí mismo. Aunque algunos pasajes del AT usan el término עָנָו en el sentido religioso (p. ej. Zac 9:9), es en el judaísmo donde el término adquiere un fuerte matiz teológico. La humildad era una cualidad noble y Moisés era una persona importante en el judaísmo. Estos factores, junto con la traducción de LXX

---

the Book of Numbers", *Journal for the Study of the Old Testament* 27, no. 2 (2002): 214; Donald Capps, "Forty Years with Moses", *Pastoral Psychol* 58 (2009): 456-457.

[10] William Lee Holladay, "עָנָו", *A Concise Hebrew and Aramaic Lexicon of the Old Testament* (Leiden: E. J. Brill, 1988, versión BibleWorks 10); Francis Brown, S. R. Driver y Charles A. Briggs, "עָנָו", *Hebrew and English Lexicon* (Peabody, MA: Hendrickson, 2008), 776.

[11] Jacob Milgrom, *The Jewish Publication Society Torah Commentary: Numbers*, The Jewish Publication Society Torah Commentary Series (Lincoln, NE: University of Nebraska Press, 2003), 94.

[12] Cleon Rogers, "Moses: Meek or Miserable?", *Journal of the Evangelical Theological Society* 29, no. 3 (1986): 257-263.

(πραΰς) pudieron haber contribuido con la versión "manso". "El significado de la palabra y su contexto específico hacen parecer que la mejor comprensión de Nm 12:3 es que Moisés estaba diciendo que, debido a las cargas y quejas de su familia y del pueblo de Israel, se sentía la persona más 'miserable' del mundo. ¿Quién no ha hecho esta afirmación en algún momento de su vida? La idea de 'miserable', por tanto, encaja mejor".[13]

La frustración de Moisés pudo ser provocada además por el estrés asociado a las cargas y agotamiento ministeriales.[14] El relato muestra que afrontó la oposición que surge del descontento de sus seguidores, los israelitas, y de sus familiares más cercanos, Miriam y Aarón, y cómo él reaccionó intercediendo por sus opositores ante Yahvé.

Moisés también afrontó la oposición que surge de líderes rebeldes e infieles como ocurrió en la rebelión de Coré, Datán y Abiram (Nm 16).[15] Milgrom nota cuatro rebeliones principales donde el conspirador general era el levita Coré (vv. 1-35) asociado a los cuatro casos: (1) Coré, Datán, Abiram y On se levantaron con doscientos cincuenta jefes de Israel contra Moisés y Aarón (vv. 1-3); (2) los levitas contra Aarón (vv. 5-11); (3) Datán y Abiram contra Moisés (vv. 12-14); y (4) Coré y toda la comunidad contra Moisés y Aarón (v. 19).[16] Coré pudo tener cierto nivel de legitimidad como levita, pero no hay seguridad sobre los rubenitas Datán y Abiram. En la expresión "Coré, hijo de Izhar, hijo de Coat, hijo de Leví...

---

[13] Rogers, "Moses: Meek or Miserable?", 262-263.

[14] Hartness M. Samushonga, "Distinguishing Between the Pastor and the Superhero: God on Burnout and Self-care", *Journal of Pastoral Theology* 31, no. 1 (2021): 4-19.

[15] Vander Hart, "Being Christlike in Conflict", 113-114.

[16] Milgrom, *The Jewish Publication Society Torah Commentary*, 129.

tomó [hombres]" (v. 1), el verbo לקח (*lāqaḥ*) en la frase ויקח ("y tomó") indica que Coré convenció y reunió a algunos de los guías del pueblo y muestra que estaba separado de la comunidad misma.[17]

Los doscientos cincuenta jefes tribales de Israel mencionados en Nm 16:2 de alguna manera estaban integrados al consejo, y Moisés y Aarón fueron acusados por una actitud no especificada de arrogancia o presunción (v. 3).[18] En la frase תתנשאו (*tiṭnaśśᵉʾû*, "os levantáis") el verbo נשא (*nāśāʾ*) implica "pretender ser el señor".[19] La disputa por el liderazgo era el acceso ministerial, el sacerdocio de Aarón, objeto de su envidia, razón por la que Coré y el grupo de levitas se opusieron a él (vv. 5-11).[20] Según Datán y Abiram, Moisés incumplió su promesa de llevar al pueblo a una tierra que fluye leche y miel, los engañó, y por tanto, debía ser excluido como líder. La afirmación del liderazgo de Moisés y el rechazo de los cargos de Datán y Abiram se registran en los vv. 27-34.[21]

Datán y Abiram desafiaron a Moisés y rechazaron su citación (Nm 16:12-14). Se resistían a ser guiados por él y criticaban su estilo de liderazgo, es decir, era un asunto de gobernabilidad (v. 13). Coré inició un intento de golpe (vv. 19-

---

[17] Petar Bojanić, "La violencia divina en Benjamín y el caso de Korah: La rebelión contra Moisés como primera escena del mesianismo (Números 16)", *Acta Poética* 31, no. 1 (2010): 156, n. 33.

[18] Baruch A. Levine, *Numbers 1-20: A New Translation with Introduction and Commentary*, The Anchor Bible 4 (New York, NY: Doubleday, 1993), 412.

[19] Milgrom, *The Jewish Publication Society Torah Commentary*, 133.

[20] Itamar Kislev, "What Happened to the Sons of Korah? The Ongoing Debate Regarding the Status of the Korahites", *Journal of Biblical Literature* 138, no. 3 (2019): 497.

[21] David C. Hymes, "Heroic Leadership in the Wildernes", *Asian Journal of Pentecostal Studies* 9, no. 2 (2006): 315-317.

2. El caso de Moisés

22) y las palabras entre él y Moisés marcaron el clímax del léxico de la queja que comenzó en el c. 11.[22] Se observa que esta no fue la primera vez que se había hecho tal acusación contra Moisés (cf. Éx 2:14).[23] Como coatita, Coré pertenecía a un importante clan levita. De hecho, Moisés y Aarón eran coatitas, los sacerdotes levitas privilegiados que manejaban las cosas santas. El texto muestra que el final de los rebeldes fue dramático e instructivo. Familias enteras fueron tragadas vivas por la tierra y los doscientos cincunta hombres que ofrecían incienso fueron consumidos por el fuego divino (Nm 16:35). Increíblemente, al siguiente día se reanudaron las quejas (v. 41) y Yahvé consumió a los quejumbrosos con una plaga que terminó con catorce mil setecientos muertos (v. 49). Pero la plaga se detuvo con la expiación ofrecida por Aarón.[24]

Por tanto, en relación con el caso de Moisés se observa que el tema general de los relatos en Nm 11-16 es la oposición al liderazgo establecido por Yahvé, donde las esferas jerárquicas del gobierno secular y sacerdotal estaban entrelazadas.[25] En el cumplimiento de su misión, Moisés afrontó y venció la oposición que surge en las relaciones interpersonales con sus familiares y líderes de Israel. En estos escenarios, ante la ira de Yahvé (12:9-10; 16:21), Moisés, dirigiendo al pueblo de Israel hacia una tierra que fluye leche y

---

[22] George W. Coats, *Rebellion in the Wilderness: The Murmuring Motif in the Wilderness Traditions of the Old Testament* (Nashville, TN: Abingdon Press, 1968), 165.

[23] Jonathan Magonet, "The Korah Rebellion", *Journal of the Study of the Old Testament* 7, no. 24 (1982): 7; Hymes, "Heroic Leadership in the Wilderness", 317-318.

[24] Vander Hart, "Being Christlike in Conflict", 114; Leveen, "Variations on a Theme", 214.

[25] Coats, *Rebellion in the Wilderness*, 165.

miel como parte de su misión, con la convicción de que tenía el respaldo de Dios, reaccionó advirtiendo a sus opositores e intercediendo por ellos (12:13; 16:4-11, 22, 46-48).

En el cumplimiento de su misión, Moisés afrontó los desafíos que surgen en la gestión financiera

En relación con el segundo tipo de obstáculos, el caso de Moisés afrontando los desafíos económicos que surgen en la gestión financiera se describe dentro del enfoque del concepto "comida para el pueblo y provisión de Dios", considerando que "gestionar" significa "suministrar, proporcionar o distribuir algo".[26] La función financiera implica la asignación de recursos, cómo adquirirlos, invertirlos y administrarlos.[27] En este caso, considerando que dentro de la administración de las finanzas desempeña un rol primordial la necesidad del alimento necesario para subsistir, lo que interesa es la oposición de los israelitas a Moisés alegando falta de alimento. En relación con la dieta israelita, Paul Wayne Ferris Jr., observando que los *wadis* proporcionaban pasto y los oasis agua, deduce que no hay razón para afirmar que los israelitas estuvieran en constante movimiento durante los cuarenta años en el desierto y que nunca acamparon, por lo cual existe la posibilidad de que tuvieron una agricultura limitada.[28]

---

[26] "Gestionar", *DRAE*, 2021, https://dle.rae.es/gestionar?m=form (31 de enero de 2023).

[27] Roberto de Paula Lico Júnior, "Finance", *Dictionary of Financial and Business Terms* (São Paulo: Lico Reis - Consultoria & Línguas, 2000), 54.

[28] Paul Wayne Ferris Jr., "The Manna Narrative of Exodus 16:1-10", *Journal of the Evangelical Theological Society* 18, no. 3 (1975): 195, n. 27.

En algunos sitios arqueológicos se han encontrado semillas de cereales y frutas, y madera de árboles frutales. Las legumbres habrían sido la principal fuente de proteínas como el sustituto de la carne para la mayoría de los israelitas, junto con los cultivos de cereales. Los hallazgos de huesos de animales no implican el consumo de carne, aunque es posible buscar evidencia de marcas de corte, lo que podría indicar que sí era ingerida. Sin embargo, para la mayoría de los israelitas, comer carne era una rareza. Durante algunos períodos de la historia de Israel la carne solo se podía consumir si se había ofrecido en el santuario. Aunque el cordero pascual debía asarse sobre la llama, quizá eso era inusual (Éx 12:9). La práctica ordinaria era cocinar la carne hirviéndola en una olla para hacer un caldo o estofado (cf. 1 S 2:13; Ez 24:3-5) como se practicaba en Mesopotamia.[29]

Habría ocasiones en las que quizá la comida escaseaba. Sin embargo, en Éx 16:3 la gravedad de la oposición y de las quejas consistió en que este evento en particular ocurrió a solo cuarenta y cinco días de la salida de Egipto (v. 1), poco después de los eventos portentosos de Yahvé (14:31). Por tanto, la oposición no era justificada y estaba mal encaminada. El cargo contra Moisés y contra Yahvé implícito en la expresión "pues nos sacaste a este desierto para matar de hambre a esta asamblea" (16:3b) se opone a la promesa y al propósito de Yahvé (3:7-10; cf. 15:26) y fue un tema recurrente

---

[29] Nathan MacDonald, *What Did the Ancient Israelites Eat? Diet in Biblical Times* (Grand Rapids, MI: Eerdmans, 2008), 13, 27-28, 32; Daniel Zohary, Maria Hopf y Ehud Weiss, *Domestication of Plants in the Old World: The Origin and Spread of Domesticated Plants in Southwest Asia, Europe, and the Mediterranean Basin* (Oxford: Oxford University Press, 2012), 75.

(14:11).[30] Con este enfoque, se observa en el c. 16 el relato de cómo Yahvé suministró alimentos al pueblo de Israel en el desierto. Las quejas en relación con la provisión de alimentos y las promesas de Moisés y de Yahvé en los vv. 3-12 dan el mismo peso tanto a la carne como al pan.[31]

Se podría suponer que los israelitas salieron de Egipto con objetos de valor que les pidieron a los egipcios (Éx 12:35-36) como armas, armaduras, alimentos, ganado, etcétera. Partieron con gran multitud "y ovejas y vacas y mucho ganado" (וצאן ובקר מקנה כבד מאד, v. 38).[32] Las ovejas se criaban para la alimentación y para obtener la lana utilizada en textiles. El ganado vacuno en el Medio Oriente proveía de carne, leche, hueso, cuero y pieles. Servía como tracción para plantar y cosechar, y el estiércol se usaba como abono, todos los elementos esenciales para la supervivencia.[33]

El pretexto de los israelitas para salir de Egipto al desierto en un viaje de tres días fue solo para celebrar el sacrificio de animales de la manera tradicional (Éx 3:12, 18).[34] De los animales terrestres solo podían comer los que eran sacrificados en el altar y reflejaban la relación de pacto de Dios con su pueblo. Se restringían a comer solo las especies de animales terrestres que dependían de los pastores para su

---

[30] Ferris Jr., "The Manna Narrative of Exodus 16:1-10", 196.

[31] Eprahim Landau, "Meat/Bread as a Parallel Word-Pair in Biblical Poetry: A Key to Understanding Exodus 16:1-15", *Jewish Bible Quarterly* 47, no. 1 (2019): 3, 4.

[32] Julian Morgenstern, "The Despoiling of the Egyptians", *Journal of Biblical Literature* 68, no. 1 (1949): 3; Ferris Jr., "The Manna Narrative of Exodus 16:1-10", 195 y n. 26. Cf. Nm 32:1; Dt 3:19b.

[33] Donald K. Sharpes, *Sacred Bull, Holy Cow: A Cultural Study of Civilization's Most Important Animal* (New York, NY: Peter Lang, 2006), 37, 42.

[34] Morgenstern, "The Despoiling of the Egyptians", 27.

seguridad y sustento.[35] El ganado vacuno tenía un significado más allá de la comida, más allá de proveer leche y más allá del trabajo en los campos. Era el medio de sacrificio supremo para expiar los pecados de la comunidad.[36]

Éxodo 16:13 informa en medio versículo que "subieron las codornices" (*lit.* "la codorniz", השלו, *haśśᵉlāw*, v. 13a) y luego todo el resto del capítulo trata solo del maná y las instrucciones relacionadas con él. El texto no presta mayor atención a las codornices, solo menciona su aparición sin ser referidas más, mientras que el maná se menciona regularmente a partir de entonces.[37] En el v. 3 el sustantivo שבע (*śōḇaᶜ*) significa "saciedad" o "abundancia".[38]

En Nm 11:4a se observan las expresiones "y la chusma que entre ellos" (והאספסף אשר בקרבו) y "cedió ante el deseo intenso" o "tuvo el vivo deseo" (התאוו תאוה). El verbo אוה (*ᵓāwâ*) significa "desear" o "sentir el antojo".[39] El sustantivo תאוה (*taᵓăwâ*) significa "deseo ansioso" o "fuerte apetito".[40] Esto tuerce su recuerdo de Egipto en una nostalgia ilusoria por los alimentos que añoraban (Éx 16:3b; Nm 11:5), por lo cual

---

[35] Cinthia Shafer-Elliot, *Food in Ancient Judah: Domestic Cooking in the Time of the Hebrew Bible*, BibleWorld Series, eds. Philip R. Davies y James G. Crossley (New York, NY: Routledge, 2014), 21, n. 45; Mary Douglas, *Purity and Danger: An Analysis of Concept of Pollution and Taboo* (London: Routledge, 2002), xv.

[36] Sharpes, *Sacred Bull, Holy Cow*, 40.

[37] Landau, "Meat/Bread as a Parallel Word-Pair in Biblical Poetry", 4.

[38] Holladay, "שבע", *A Concise Hebrew and Aramaic Lexicon of the Old Testament* (versión BibleWorks 10); Brown, Driver y Briggs, "שבע", *Hebrew and English Lexicon*, 959.

[39] Holladay, "אוה", *A Concise Hebrew and Aramaic Lexicon of the Old Testament* (versión BibleWorks 10).

[40] Ibíd., "תאוה", *A Concise Hebrew and Aramaic Lexicon of the Old Testament* (versión BibleWorks 10).

Yahvé les dio carne hasta que saliera de sus narices y fuera aborrecida por ellos (vv. 19-20). Entonces, el problema no fue la carne en sí, sino su ansia glotona.[41]

El hecho de que el maná en realidad no fuera pan hace posible que el término "pan" se entendiera como "alimento" o "comida". Podría usarse la combinación de los dos términos "pan" (לחם, *leḥem*) y "carne" (בשר, *bāśār*) de manera figurada similar y se puede sugerir que los israelitas no pidieron carne en particular, sino carne/pan, es decir, comida. Yahvé prometió proporcionarla (Éx 16:4) lo que de hecho hizo (v. 14b).[42] Los israelitas se refirieron a lo que vieron con el término מן (*mān*, v. 15). Además de la descripción del texto (v. 31), Zvi Ron explica que el maná se parecía al *tamarix mannifera*, una sustancia pegajosa y dulce excretada por insectos escamosos que se alimentan de la savia del árbol de tamarisco (אשל, *ʾēšēl*). Esta materia contiene glucosa y proteínas, y ha sido recolectada durante generaciones por los beduinos. Se derrite al sol, se endurece en gránulos blancos y se utiliza como sustituto de la miel.[43]

El dúo "pan" (לחם) y "carne" (בשר) es utilizado a menudo en el AT en referencia a comida o alimento en general. El alimento especial enviado por Yahvé cada mañana no se identifica como "maná" (מן) hasta en Éx 16:31. Desde su aparición en el v. 15 hasta el v. 30, la sustancia se nombra simplemente "esto" (זה, *zeh*) excepto en los vv. 15, 22 y 29

---

[41] Thomas Wingate Mann, "Not by Word Alone: Food in the Hebrew Bible", *Interpretation* 67, no. 4 (2013): 359.

[42] Brown, Driver y Briggs, "לחם", *Hebrew and English Lexicon*, 536-537.

[43] Zvi Ron, "What Is It? Interpreting Exodus 16:15", *Jewish Bible Quarterly* 38, no. 4 (2010): 233-234; Yehuda Feliks, *Nature and Man in the Bible: Chapters in Biblical Ecology* (London: Soncino Press, 1981), 17.

donde se denomina "pan" (לֶחֶם). Entonces, es posible que לֶחֶם se entienda como pan. Por esta razón Moisés explicó en el v. 15 que el maná era una especie de pan que nunca antes habían visto, una sustancia milagrosa enviada por Yahvé.[44] Según las instrucciones de Moisés, no debían guardar el maná para el siguiente día (v. 19), pero no lo obedecieron "y crió gusanos y hedió" (וירם תולעים ויבאש, v. 20).[45]

Por tanto, en relación con el segundo tipo de obstáculos, Moisés afrontó y venció los desafíos que surgen en la gestión financiera dentro del enfoque del concepto "comida y provisión de Dios" en medio de la oposición de parte del pueblo hambriento, con la confianza en las promesas de Yahvé (Éx 3:7-8; 16:4) y dando instrucciones al pueblo murmurador sobre cómo administrar la provisión milagrosa del maná (vv. 16-19, 23-26, 35).

En el cumplimiento de su misión, Moisés afrontó los obstáculos que surgen en la lucha interna

En conexión con el tercer tipo de obstáculos, a continuación se expone el caso de Moisés afrontando la oposición que surge en la lucha interna dentro del enfoque de la manera en que un impedimento puede afectar el desempeño de un ministro. Según la narrativa, Yahvé escogió a Moisés para liberar a Israel de la opresión de los egipcios y sacarlos a una tierra que fluye leche y miel (Éx 3:7-10, 17). Moisés

---

[44] Landau, "Meat/Bread as a Parallel Word-Pair in Biblical Poetry", 8.

[45] Antonine De Guglielmo, "What was the Manna?", *Catholic Biblical Quarterly* 2, no. 2 (1940): 125; Mann, "Not by Word Alone", 358.

respondió refutando su idoneidad para realizar esa misión. Su primera objeción fue: "¿Quién soy yo para que vaya a Faraón y que saque a los hijos de Israel de Egipto?" (v. 11). Otra objeción fue: "¿Y qué si no me creen y no escuchan mi voz, sino que dicen 'Yahvé no se te apareció'?" (4:1). También objetó: "No soy hombre de palabras ni desde ayer que hablaste a tu siervo ni antes" (v. 10a); "soy lento de habla y lento de lengua" (v. 10b). Además, Moisés quiso evadir el llamado de Yahvé pidiéndole: "envía ahora por otro" (v. 13).

Las expresiones "no soy hombre de palabras ni antes, ni desde que hablaste a tu siervo" y "soy lento de habla y lento de lengua" (Éx 4:10b) son de especial interés para la siguiente exposición. El adjetivo "lento" (כבד, *kābēd*) se puede traducir también como "torpe". Moisés también replicó: "He aquí los hijos de Israel no me escuchan" (6:12a), "¿por qué me escuchará Faraón siendo yo incircunciso de labios?" (v. 12b). Nótese que la frase "incircunciso de labios" (ערל שפתים, v. 12b) con el adjetivo "incircunciso" (ערל, *ᶜārēl*), metafóricamente significa "no calificado" o "incapacidado para hablar".[46] Rhiannon Graybill considera factible que Moisés sufría de un problema del habla que amenazaba su rol profético. Pudo ser una dificultad de emisión, como tartamudeo o voz suave (o arrastrada) que es la explicación más común y la que se cree más probable, aunque también se ha interpretado como una deformidad física, quizá un paladar hendido.[47]

---

[46] Holladay, "כבד", "ערל". *A Concise Hebrew and Aramaic Lexicon of the Old Testament* (versión BibleWorks 10); Brown, Driver y Briggs, "כבד", "ערל". *Hebrew and English Lexicon*, 458, 790.

[47] Rhiannon Graybill, "Masculinity, Materiality, and the Body of Moses", *Biblical Interpretation* 23, no. 4-5 (2015): 519, 525 y n. 21 y 22. El verbo הערל (*hēᶜārēl*; cf. Hab 2:16) podría traducirse "ser objeto de burla". Brown, Driver y Briggs, "הערל", *Hebrew and English Lexicon*, 790. Sin embargo, Gary Williams

Una explicación que se ha propuesto es que la descripción "incircunciso de labios" sea metafórica en el sentido de falta de elocuencia, es decir, que Moisés era un mal orador público, o incompetente en lingüística, o que no podía hablar bien el idioma hebreo y/o el egipcio, o al menos no podía hacerlo con fluidez.[48] Esta explicación no parece convincente ya que Moisés creció en la corte de faraón (Éx 2:10) lo cual implica privilegios en cuanto a educación y capacitación, la enseñanza de la literatura y el arte de los escribas, y técnicas de guerra. El conocimiento de otros idiomas era requerido en la diplomacia, y también la elocuencia en el discurso y la argumentación.[49] Al parecer, se trataba de un problema del habla o quizá de un conflicto interno, un impedimento, y no de aspectos retóricos. Stuart Pollack comenta al respecto:

> Se ha especulado mucho sobre la naturaleza del problema de Moisés al hablar. Una posibilidad es que tuviera una forma de afasia. Otra es que padecía de un tartamudeo o balbuceo severo... El carácter exacto del trastorno fue una discapacidad que lo acompañó durante toda su vida. Se podría imaginar a Moisés como un niño o un joven esforzándose por articular sus pensamientos y emociones, y la frustración de no poder expresarse con claridad. No solo se exasperaría al tener sus ideas atascadas dentro, sino que también aquellos que lo

---

objeta este significado; observa que la forma verbal se encuentra solo una vez en el AT y considera que no se aplica en referencia a Moisés (Éx 6:12). Williams, "Observaciones", correo electrónico enviado a Mauricio Ortiz Ch., 23 de enero de 2023.

[48] Graybill, "Masculinity, Materiality, and the Body of Moses", 525.

[49] John H. Walton, Victor H. Matthews y Mark W. Chavalas, *Comentario del contexto cultural de la Biblia: Antiguo Testamento* (El Paso, TX: Mundo Hispano, 2004), 74.

escuchaban tendrían que esforzarse para comprenderlo. Cuando se enfurecía puede que lo expresara mediante algún acto de violencia física. Si esto fue así, entonces, teóricamente, su mal genio podría atribuirse, al menos en parte, a un problema del habla.[50]

Según Pollack, los incidentes temperamentales de Moisés manifiestos en Éx 2:11-12; 32:19 y Nm 20:11 sugieren a alguien con un mal genio, y propone que quizá por esa razón Yahvé le impidió introducir a los israelitas en la Tierra Prometida (v. 12). Hubo casos en los que el diálogo hubiese sido más apropiado que la ira. En lugar de ordenarle al capataz egipcio que dejara de golpear al hebreo, lo mató. En lugar de pronunciar un discurso a los israelitas rebeldes, rompió las tablas contrariado. En lugar de hablarle a la roca para que sacara agua, la golpeó. Tal vez se estaban formando palabras en su mente que no podía pronunciar o se abstenía por vergüenza. Incluso Jetro, su suegro, le propuso que no juzgara los casos legales, sino que delegara el trabajo en otros, lo cual se podría asociar a la incomodidad de Moisés al hablar que pudo haber impedido un juicio eficiente y desapasionado.[51]

La apreciación de Pollack podría parecer contradictoria a la descripción de Nm 12:3, pero se sugiere considerar los significados del término עָנָו (ʿānāw, "humilde", "pobre" o "afligido") en otros escenarios o narrativas que revelan las reacciones temperamentales de Moisés.[52] Morris Rosman considera importante notar la actitud de Moisés al golpear la roca (וַיַּךְ אֶת־הַסֶּלַע, "y golpeó la roca", 20:11) en lugar de

---

[50] Stuart Pollack, "The Speech Defect of Moses", *Jewish Bible Quarterly* 26, no. 2 (1998): 122.

[51] Ibíd., 121-123.

[52] Sobre los significados del término, véase la explicación de las pp. 37-39.

hablarle (ודברתם אל־הסלע, "y habla a la roca", v. 8) como le había ordenado Yahvé. En ocasión anterior el pueblo de Israel había demandado agua, por lo que Yahvé le dijo a Moisés: "y golpea la roca" (והכית בצור, Éx 17:6), pero eso ocurrió en una etapa de su preparación cuando no había cambiado de un hombre de acción impulsivo a un hombre de palabras. Después de cuarenta años, la nueva orden de Yahvé a Moisés fue hablarle a la roca (ודברתם אל־הסלע, "y habla a la roca", Nm 20:8).[53]

Los años de entrenamiento de Moisés como vocero de Dios requerían que actuara de una manera diferente. Sin embargo, golpeó la roca (ויך את־הסלע, "y golpeó la roca", Nm 20:11) desafiando la instrucción de Dios. Así, Moisés demostró que no había cumplido debidamente con su rol de portavoz de Yahvé, es decir, un líder que usara las palabras y no solo sus acciones para cumplir con su misión. Seguía siendo un hombre impulsivo temperamental como en los primeros episodios del Éxodo, y no podía comunicarse verbalmente de manera controlada. Quizá por esta y otras razones Moisés no pudo seguir siendo el líder de los israelitas y entrar a la Tierra Prometida.[54]

De esta manera, aunque no se puede precisar cuál era la causa del problema de Moisés, se propone que su lucha interna estaba relacionada con un posible impedimento que le ocasionaba algún complejo, una frustración o un problema de temperamento, su mal genio, o una combinación de estos. El caso es ilustrativo de cómo estos factores pueden afectar

---

[53] Morris Rosman, "Moses: Not a Man of Words", *Jewish Bible Quarterly* 42, no. 2 (2014): 129-130.
[54] Ibíd., 130.

emocionalmente a un ministro y su desempeño. Por tanto, Moisés afrontó los obstáculos que surgen en la lucha interna dentro del enfoque de la manera en que un impedimento puede afectar el desempeño de un llamado por Dios a una misión. En este caso no se observa que el libertador de Israel haya vencido eficazmente ese impedimento que le provocó un conflicto temperamental con el que lidió durante gran parte de su vida.

Conclusión

Del caso de Moisés se concluye que en su ministerio afrontó y venció la oposición que surge en las relaciones interpersonales con sus familiares y líderes de Israel con la convicción de que tenía el respaldo de Dios, advirtiendo a sus opositores e intercediendo por ellos. Asimismo, afrontó y venció los desafíos que surgen en la gestión financiera dentro del enfoque del concepto "comida y provisión de Dios" en medio de la oposición de parte del pueblo hambriento, con la confianza en las promesas de Yahvé y dando instrucciones al pueblo murmurador sobre cómo administrar la provisión milagrosa del maná. Además, afrontó los obstáculos que surgen en la lucha interna dentro del enfoque de la manera en que un impedimento puede afectar el desempeño de un ministro, pero según lo expuesto, no logró vencerlos.

Capítulo 3

EL CASO DE JESÚS

Misión

Porque el Hijo del Hombre no vino para ser servido, sino para servir y dar su vida en rescate por muchos (Mr 10:45; Mt 20:28; cf. Is 61:1-2; Gá 1:4; Mr 1:14-15, 24; Mt 4:23; Lc 4:21).[1]

En este capítulo se presenta un estudio bibliográfico tocante a los tres tipos de oposición y obstáculos considerados, en las relaciones interpersonales, en la gestión financiera y en la lucha espiritual, que surgieron en el cumplimiento de la misión de Jesús.[2] En vinculación con el primer tipo, se muestra que afrontó la oposición que surge en las relaciones interpersonales con sus familiares, seguidores, líderes religiosos y no creyentes. Luego, en relación con el segundo tipo, se describe la manera en que afrontó los posibles obstáculos en la gestión financiera dentro del enfoque de vivienda y sustento personal. Después, en conexión con el tercer tipo, se expone que afrontó la oposición que surge en la lucha espiritual con Satanás y los demonios. Finalmente se

---

[1] Las traducciones de las citas del NT son del autor de esta investigación con base en BGT NA28 NT+LXX (Rahlfs); Elsa Tamez e Isela Trujillo, *El Nuevo Testamento interlineal griego-español* (s.l.: Sociedades Bíblicas Unidas, 2012) y los diccionarios consultados en cada caso.

[2] Jesús construyó su propia agenda sobre lo que Él percibió ser la agenda del Padre. Su voluntad era hacer la voluntad del Padre. La misión de Jesús fue determinada por la misión de Dios. Christopher J. H. Wright, "La misión de Dios: Leyendo toda la Escritura misionológicamente", trad. Miguel Reyes, Kairós 57 (julio-diciembre de 2015): 60-61.

cierra el capítulo con la conclusión respectiva. A continuación se presentan estos tipos de oposición analizando algunos pasajes seleccionados de los evangelios.

En el cumplimiento de su misión, Jesús afrontó la oposición que surge en las relaciones interpersonales

En vinculación con el primer tipo de oposición, el evangelista Marcos resalta el tema de la oposición a la autoridad de Jesús manifiesta en la controversia sobre Beelzebúb (Mr 3:20-35).[3] Entre los presentes estaban: Jesús, los doce, el grupo más amplio de discípulos, las multitudes (v. 20), la familia de Jesús y los escribas, líderes religiosos de Jerusalén. Joel Marcus analiza en la estructura de la perícopa que la frase "sus parientes" (οἱ παρ αὐτοῦ, v. 21) sugiere la familia, a la que se hace referencia en la segunda parte del quiasmo ("su madre y sus hermanos", v. 31).[4]

Frank J. Matera señala que la actitud de los seguidores y familiares de Jesús se caracterizó por la oposición. Sus parientes llegaron para "agarrarlo" ("prenderle", κρατῆσαι

---

[3] La estructura quiástica es la siguiente: (a) La multitud se reunió donde estaba Jesús (Mr 3:20). (b) Los parientes de Jesús decían que Él había perdido el juicio (v. 21). (c) Los escribas acusaron a Jesús diciendo que tenía a Beelzebúb y Jesús les respondió (vv. 22-30). (b') Los parientes de Jesús vinieron, se quedaron fuera y enviaron a llamarlo (v. 31). (a') La multitud y la verdadera familia de Jesús estaban alrededor de Él, es decir, dentro (vv. 32-35). Rikki E. Watts, *Isaiah's New Exodus in Mark* (Grand Rapids, MI: Baker, 2000), 145. En este libro se utiliza la traducción "Beelzebúb" (véase la explicación de la p. 68, n. 40).

[4] Rikk E. Watts, *"Mark"* en *Commentary on the New Testament use of the Old Testament*, eds. G. K. Beale y D. A. Carson (Grand Rapids, MI: Baker, 2007), 145; Joel Marcus, *El Evangelio según Marcos (Mc 1-8)* (Salamanca: Sígueme, 2010), 306.

αὐτόν) porque decían que "había perdido el juicio" (ἔλεγον γὰρ ὅτι ἐξέστη, Mr 3:21). La forma en que este episodio involucra a los familiares de Jesús (vv. 21, 31-32) en la controversia sobre Beelzebúb (vv. 20-35) sugiere que el narrador pretendía que los lectores vieran el paralelismo entre las reacciones de la familia de Jesús y las de los escribas, pues ambos grupos se oponían a Él.[5] Gerardo A. Alfaro describe:

> La historia continúa y la oposición arrecia. La misma familia de Jesús quiere detenerlo pues lo considera "desquiciado", "fuera de sí". Jesús identifica entonces a su familia con aquellos que quieren hacer la voluntad de Dios, en medio del impedimento y la obstrucción (Mr 3:35). Aun si su propia familia se opusiera, es la voluntad de Dios la que define su consanguineidad y su práctica. La voluntad de Dios es suprema, no importan los obstáculos, inclusive aquellos que golpeen su propia dignidad e identidad. Es ella la que define quién estaba dentro o fuera.[6]

De esta manera los parientes de Jesús trataban de reprimirlo. En el contexto de Mr 3:21, como una implicación de la acción de "agarrar" (κρατέω), se puede entender su uso en el sentido de evitar que Jesús cumpliera con su misión, y lo mismo se puede pensar del uso de "llamar" (καλέω, v. 31) y de "buscar" (ζητέω, v. 32). Los acompañantes de Jesús ejercieron presión para que no cumpliera su misión (vv. 20-35). En Marcos, de quince ocurrencias de κρατέω, once son negativas

---

[5] Frank J. Matera, "The Prologue as the Interpretative Key to Mark's Gospel", *Journal for the Study of the New Testament* 11, no. 34 (1988): 10.

[6] Gerardo A. Alfaro, "Jesús y el abandono de Dios en Marcos 1-8", *Kairós* 58 (2016): 118. Sobre la oposición a la voluntad de Dios, véase Karl Barth, *The Doctrine of Creation*, volumen 3 de *Church Dogmatics*, eds. G. W. Bromiley y T. F. Torrance (Edinburgh: T&T Clark, 1976), 444-445.

(p. ej. 6:17; 12:12) y de diez ocurrencias de ζητέω, ocho son negativas. Incluso καλέω es probablemente negativo en 3:31, porque este es el único caso donde alguien más que Jesús es el sujeto del verbo.[7]

Según Mr 3:31-35, hacer la voluntad de Dios significa escuchar a Jesús, aceptar su enseñanza y cooperar con su misión. Los que estaban dentro no solo lo seguían físicamente, sino que debían reconocer la misión de Jesús, y los que estaban fuera no solo estaban físicamente lejos de Jesús. Cualquier resistencia o estorbo a su misión hacía que Jesús se alejara. Así, sus seguidores y familiares hicieron el rol de opositores.[8]

James R. Edwards interpreta que el intento de restringir a Jesús en su misión o de desviarlo a otro curso, aunque proviniera de sus asociados más íntimos, incluso de su madre y sus hermanos, era tan equivocado y blasfemo como involucrar a Jesús con Satanás (Mr 3:22, 30). Este fue precisamente el punto de la reprensión de Jesús a Pedro cuando trató de impedirle que fuera a la cruz (8:31-33) y evitar que cumpliera con su misión.[9] La oposición influenciada por Satanás pretende obstaculizar el camino del Reino de Dios. La implicación es que Pedro estaba asumiendo un rol similar al que normalmente desempeña Satanás, quien puso a prueba a Jesús en el desierto inmediatamente después de su bautismo (1:13). La escena

[7] James R. Edwards, "Markan Sandwiches: The Significance of Interpolations in Markan Narratives", *Novum Testamentum* 31, no. 3 (1989): 210 y n. 49.

[8] Stephen P. Ahearne-Kroll, "'Who Are My Mother and My Brothers?' Family Relations and Family Language in the Gospel of Mark", *Journal of Religion* 81, no. 1 (2001): 14-15.

[9] Edwards, "Markan Sandwiches", 210.

expresa la idea de que Jesús encontraría estorbos en el desempeño de su misión.[10]

Jesús también afrontó la oposición que surge en las relaciones interpersonales con líderes religiosos. Los escribas que habían bajado de Jerusalén lo acusaron señalando que su poder venía de Satanás ("Beelzebúb", Mr 3:22; "espíritu inmundo", v. 30). Jesús elaboró su respuesta con parábolas y cuestionó el razonamiento de los escribas, cuya oposición, al igual que la de otros dirigentes, es incidente en el evangelio de Marcos (vv. 22, 28-30).[11]

Las dinámicas sociales de honor y vergüenza y de desafío y respuesta desde la perspectiva de la antropología cultural, revelan por qué los escribas se consideraron desafiados por Jesús. Bruce J. Malina explica: "La gente adquiría honor aspirando personalmente a cierto estatus que era socialmente reconocido. Por otra parte, la gente quedaba en vergüenza cuando aspiraba a ese estatus, pero le era denegado por la opinión pública".[12] Según Jordan J. Ryan, el prestigio, la reputación y la validez de la opinión de una persona estaban en

---

[10] Adela Yarbro Collins, *Mark: A Commentary*, Hermeneia: A Critical and Historical Commentary on the Bible, ed. Harold W. Attridge (Minneapolis, MN: Fortress, 2007), 407.

[11] Charles H. Dyer, "The Purpose for the Gospel of Mark", en *Essays in Honor of J. Dwight Pentecost*, eds. Stanley D. Toussaint y Charles H. Dyer (Chicago, IL: Moody Press, 1986), 57; Vernon K. Robbins, "The Intertexture of Apocalyptic Discourse in the Gospel of Mark", en *The Intertexture of Apocalyptic Discourse in the New Testament*, Society of Biblical Literature Symposium Series 14, ed. Duane Frederick Watson (Atlanta, GA: Society of Biblical Literature, 2002), 34; Christopher Burdon, "'To the Other Side': Construction of Evil and Fear of Liberation in Mark 5.1-20", *Journal for the Study of the New Testament* 27, no. 2 (2004): 152.

[12] Bruce J. Malina, *El mundo del Nuevo Testamento: Perspectivas desde la antropología cultural* (Estella: Verbo Divino, 1995), 72.

juego cuando se participaba en una discusión donde se competía para obtener el honor que dependía del reconocimiento, por lo que había que persuadir al público.[13]

En vinculación con el primer tipo de oposición, Jesús también afrontó la que surge en las relaciones interpersonales con no creyentes, como se observa en la perícopa del endemoniado gergeseno (Mr 5:1-20), el relato de expulsión demoníaca más extenso, detallado y literariamente complejo de los evangelios sinópticos.[14] La narración se ha interpretado con algunas variantes (cf. Mt 8:28-34; Lc 8:26-39). La ubicación exacta del evento, es decir, la determinación de la ciudad de los gerasenos, gadarenos o gergesenos, ha sido problemática para el estudioso de la geografía bíblica y de la crítica textual.[15] Según las características geográficas descritas por Marcus, se asume que la mejor lectura es "gergesenos".[16] Nótese la correspondencia entre las acciones de los demonios y las acciones de los habitantes de Gergesa.[17]

---

[13] Jordan J. Ryan, "Jesus and Synagogue Disputes: Recovering the Institutional Context of Luke 13:10-17", *Catholic Biblical Quarterly* 79, no. 1 (2017): 55-56, 59. Para ampliar el tema de las dinámicas sociales, véase Malina, *El mundo del Nuevo Testamento*, 55, 67; Bruce J. Malina y Richard L. Rohrbaugh, *Los evangelios sinópticos y la cultura mediterránea del siglo I: Comentario desde las ciencias sociales* (Estella: Verbo Divino, 2010), 336, 404-405.

[14] Teresa Calpino, "The Gerasene Demoniac (Mark 5:1-20): The pre-Markan Function of the Pericope", *Biblical Research* 53 (2008): 15.

[15] John F. Craghan, "The Gerasene Demoniac", *Catholic Biblical Quarterly* 30, no. 4 (1968): 522.

[16] Marcus, *El Evangelio según Marcos (Mc 1-8)*, 391; Bruce M. Metzger, *Un comentario textual al Nuevo Testamento griego* (Stuttgart: Sociedad Bíblica Alemana, 2006), 18-19, 73, 121.

[17] C. Adelina Alexe, "Irony and Spirituality in Matthew 8:23-9:1: A Narrative Analysis", *Word & World* 35, no. 3 (2015): 279-283. Para más detalles sobre este relato, véase Paul Hertig, "The Powerful and Vulnerable Intercultural Encounters of Jesus", *Mission Studies* 32, no. 2 (2015): 295-297.

El relato describe que un espíritu inmundo le rogaba a Jesús que no los enviara "fuera de la región" (Mr 5:10). Y había ahí cerca una gran piara de cerdos pastando (v. 11) y le rogaron: "Envíanos a los cerdos para que entremos en ellos" (v. 12).[18] Así como en la parábola de 3:27, los espíritus malignos deseaban mantener sus dominios.[19] Los cerdos eran impuros para los judíos, a quienes no les era permitida su crianza y no eran aprobados como alimento; por tal razón, su presencia era un indicio más de que se trataba de una región gentil.[20] Posteriormente a la expulsión, los habitantes de la ciudad comenzaron "a rogarle" (παρακαλεῖν αὐτὸν) a Jesús que se fuera de sus confines (5:17). No hay indicios de que fueran los dueños de los cerdos, lo cual se alinea con el conjunto de la narración del evangelista porque al igual que los escribas (3:22, 30), los no creyentes juzgaron las acciones de Jesús como obras perjudiciales.[21]

Satanás y los demonios hicieron el rol de adversarios de Jesús, pero luego fue la multitud de Gergesa (Mr 5:17). La evidente oposición de las fuerzas demoníacas en el mundo invisible se trasfiere al mundo relacional en forma del no reconocimiento de Jesús, que sería entonces la forma humana de la hostilidad de Satanás. Mientras Jesús afrontó adversarios demoníacos y venció toda oposición de su parte, en el caso de los adversarios humanos, Jesús no resistió. En cambio,

---

[18] Warren Carter, "Cross-Gendered Romans and Mark's Jesus: Legion Enters the Pigs (Mark 5:1-20)", *Journal of Biblical Literature* 134, no. 1 (2015): 146.

[19] Marcus, *El Evangelio según Marcos (Mc 1-8)*, 395.

[20] David Jasper, "The Gaps in the Story: The Implied Reader in Mark 5:1-20", *Svensk Exegetisk Årsbok* 64 (1999): 82.

[21] Calpino, "The Gerasene Demoniac (Mark 5:1-20)", 15; Marcus, *El Evangelio según Marcos (Mc 1-8)*, 395, 396.

abandonó el distrito, delegando al que había estado endemoniado para que individualmente enfrentara la incredulidad de sus compatriotas.[22]

El relato del endemoniado gergeseno muestra que al final se invirtieron los roles: Jesús se retiró (Mr 5:21), pero antes dejó al ex-endemoniado convertido con la responsabilidad de difundir su testimonio (vv. 19-20) y con el desafío de afrontar la oposición. Por tanto, en el cumplimiento de su misión, Jesús afrontó la oposición que surge en las relaciones interpersonales con familiares, seguidores, líderes religiosos y no creyentes. Ese tipo de oposición constituye la paradoja de una narrativa en la que el Hijo de Dios superó las enfermedades, los oponentes sobrenaturales, los espíritus malignos y los elementos naturales adversos como vientos y tormentas, pero permitió que la oposición humana persistiera.[23] Se observa una oposición residual que permanece incluso después de la victoria de Jesús sobre su adversario, una victoria que atestigua su misión divina, una hostilidad que se niega a ser eliminada y que Jesús no trató de vencer.[24]

En el cumplimiento de su misión, Jesús afrontó los obstáculos que surgen en la gestión financiera

En relación con el segundo tipo de obstáculos, en esta sección se intenta determinar si Jesús afrontó los que surgen en la gestión financiera dentro del enfoque de vivienda y sustento

---

[22] Jean Starobinski, "An Essay in Literary Analysis - Mark 5:1-20", *The Ecumenical Review* 23, no. 4 (1971): 394-395.
[23] Ibíd., 396.
[24] Ibíd., 395.

personal. Se podría considerar inicialmente el trasfondo de Mt 8:19-20 en el marco del costo del discipulado. El relato refiere que un escriba se acercó a Jesús y le dijo: "Maestro, te seguiré dondequiera que vayas" (v. 19). Y Jesús le dijo: "Las zorras tienen guaridas y las aves del cielo nidos, pero el Hijo del Hombre no tiene dónde "recostar la cabeza" (τὴν κεφαλὴν κλίνῃ, v. 20)". De esto se podría pensar que Jesús no tenía dónde alojarse o una casa dónde vivir, lo cual indicaría que afrontó la dificultad de falta de vivienda o que prefería vivir al aire libre. Así, el v. 20 se ha interpretado por lo general como una alusión a la vida de privaciones que ejemplificó el Hijo del Hombre.

Jesús vivió en diferentes lugares y afrontó distintas situaciones financieras. En este segmento se considera que la falta de una casa propia pudo ser una dificultad en su ministerio. Se observa que Jesús, cuando era niño, no careció de una vivienda, ya que según Mt 2:11, estaba con su madre en "la casa" (τὴν οἰκίαν) situada en Belén de Judea (cf. vv. 1, 5, 6, 8). Después de su regreso de Egipto, la familia se trasladó a Galilea (v. 22) y "habitó" (κατῴκησεν) en Nazaret (v. 23). Sin embargo, se expone que en su edad adulta, después de iniciado su ministerio, Jesús no tenía una casa propia dónde vivir. Dejó Nazaret y habitó en Cafarnaúm (4:13). En 9:1, en el contexto posterior de 8:20, se entiende que esa era su ciudad (ἰδίαν πόλιν). Con base en Mr 1:21; Mt 4:13; 8:14; 9:1, 10, 28; 13:1, 36 y 17:25, Josep Montserrat afirma que Jesús tenía una casa propia en Cafarnaúm. Así lo interpreta también Jack Dean

Kingsbury, quien observa que esta casa debe distinguirse de la casa de Pedro (8:14).[25]

La interpretación de estos autores se podría objetar al comparar Mt 9:10 ("en la casa", ἐν τῇ οἰκίᾳ) con Mr 2:15 y especialmente con Lc 5:29, que describe el gran banquete que Leví le hizo a Jesús "en su casa" (ἐν τῇ οἰκίᾳ αὐτοῦ), es decir, en la casa de Leví. Se propone que ese episodio no ocurrió en una casa que haya sido propiedad de Jesús o donde Él viviera. Tampoco se puede determinar con precisión en otros pasajes a quién pertenecía la casa mencionada ("a la casa", εἰς τὴν οἰκίαν, Mt 9:28; 13:36; 17:25; "de la casa", τῆς οἰκίας, 13:1).

Concluyendo con la discusión sobre la posibilidad que Jesús tuviera una casa propia, Antonio Piñero señala que los textos son ambiguos, no hay ninguno que diga expresamente, sin duda alguna, si se trataba de la casa de Jesús. En Mr 9:33 sería posible que se tratara de la casa de Jesús (dudosos son 2:15 y 3:20).[26] Por tanto, no se sabe con certeza si Jesús tenía una casa propia dónde vivir en Cafarnaúm, ni a quién pertenecía la casa mencionada en varios textos. Pero esto no implica que Jesús no hiciera uso de una o más casas o lugares para vivir, dada la hospitalidad acostumbrada de la época.

Siguiendo en el segundo tipo de obstáculos, dentro del enfoque del concepto "sustento personal de Jesús", surgen más

---

[25] Josep Montserrat, "Evangelios sinópticos", en *Los libros del Nuevo Testamento: Traducción y comentario*, 2a. ed., ed. Antonio Piñero (Madrid: Trotta, 2022), 664, 647, 677; Jack Dean Kingsbury, "On Following Jesus: The 'Eager' Scribe and the 'Reluctant' Disciple (Matthew 8.18-22)", *New Testament Studies* 34, no. 1 (1988): 50.

[26] Antonio Piñero, "Consulta sobre Mateo 8:20", correo electrónico enviado a Mauricio Ortiz Ch., 21 de diciembre de 2021.

preguntas: ¿Tuvo Jesús dificultades financieras que le preocupaban? ¿Cómo afrontó sus necesidades básicas de sustento antes y después de iniciado su ministerio? En Mr 6:1-6 (cf. Mt 13:54-58) se describe la admiración e incredulidad de la gente de "su propia tierra" (πατρίδα αὐτοῦ, Mr 6:1a; Mt 13:54a). Nótese que los evangelistas usan la frase πατρίδα αὐτοῦ en la que el pronombre personal αὐτός implica que se trataba de su tierra natal o la región donde vivía (cf. ἰδίαν πόλιν, "*su* propia ciudad", 9:1). Esta identificación de "pertenencia" es la que no se observa en los pasajes mencionados anteriormente sobre "la casa" donde estaba Jesús.

Tal admiración se debía a su sabiduría, enseñanza y los milagros que realizaba: "¿No es este 'el carpintero' (ὁ τέκτων), el hijo de María y hermano de Santiago, José, Judas y Simón? ¿Y no están sus hermanas aquí junto a nosotros? Y se escandalizaban por él" (Mr 6:3). Marcos refiere a Jesús "el carpintero" (ὁ τέκτων) mientras que Mateo refiere a Jesús "el hijo del carpintero" (ὁ τοῦ τέκτονος υἱός). El punto de interés es que José y posiblemente sus hijos, ejercían un oficio del cual provenía el sustento familiar. El término τέκτων puede significar "carpintero", "constructor" o "artesano",[27] "maestro constructor", "constructor en madera, piedra o metal", "obrero", "artista" o "comerciante",[28] "alguien involucrado en

---

[27] Timothy Friberg, Barbara Friberg y Neva F. Miller, "τέκτων", *Analytical Greek Lexicon* (Bloomington, IN: Trafford, 2006, versión BibleWorks 10).

[28] James I. Packer, "τέκτων", *The New Dictionary of New Testament Theology*, ed. Colin Brown (Grand Rapids, MI: Zondervan, 1975), 1:279.

la construcción", "artesano no específico", pero "carpintero" es muy probable.[29]

Craig. S. Keener explica que, durante la infancia de Jesús, Séforis era la capital de Galilea. Había sido destruida por los romanos y la reconstrucción comenzó inmediatamente. Había demanda de carpinteros en Nazaret, una aldea a seis kilómetros y medio de las ruinas de Séforis, con una población de entre mil seiscientos y dos mil habitantes, donde Jesús era conocido. Los carpinteros se ocupaban de todo tipo de trabajos en madera, arados, sillas y estructuras para los techos. Trabajaban la albañilería cuando los edificios se construían con piedras. Es probable que José le haya enseñado a Jesús su propio oficio, según la costumbre de la época. Después de la reconstrucción de Séforis quizá realizaron la mayor parte del trabajo de carpintería desde su casa, como la mayoría de los carpinteros galileos. La referencia a Jesús como carpintero en estos pasajes fue para identificarlo, el texto no sugiere que un carpintero no pudiera ser maestro, ya que algunos llegaron a ser maestros famosos.[30] Entonces, ya que este oficio era necesario y bien remunerado en aquel contexto, no se encuentra evidencia para afirmar que Jesús careció de sustento o de vivienda durante su niñez y juventud.

Pero después de iniciado su ministerio, ¿cómo afrontó Jesús sus necesidades básicas de vivienda y sustento? La pregunta conduce a la relación que sostuvo con algunas de sus

---

[29] Frederick William Danker, "τέκτων", *A Greek-English Lexicon of the New Testament* (Chicago, IL: The University of Chicago Press, 2009, versión BibleWorks 10).

[30] Craig. S. Keener, *Comentario del contexto cultural de la Biblia: Nuevo Testamento* (El Paso, TX: Mundo Hispano, 2003), 79, 145.

discípulas. Según Lc 8:1-3, Jesús iba por todas la ciudades y aldeas predicando con los doce discípulos y algunas mujeres que habían sido curadas de espíritus malos y enfermedades, María, la llamada Magdalena, de la que siete demonios habían salido,[31] y Juana, mujer de Cuza, administrador de Herodes, y Susana "y otras muchas" (καὶ ἕτεραι πολλαι), "las cuales los servían" (διηκόνουν αὐτοῖς) "con sus bienes" (ἐκ τῶν ὑπαρχόντων αὐταῖς, lit. "de los bienes de ellas").

En Lc 8:3 se observan cuatro términos importantes. Primero, el verbo διακονέω ("servir"). Uno de sus significados es "suplir las necesidades de la vida", "sustentar", "cuidar", "ministrar" (cf. Mt 25:44).[32] El verbo διακονέω y sus derivados se utilizan principalmente para "la ayuda personal a otros", "apoyar", "ser útil".[33] Segundo, la expresión διηκόνουν αὐτοῖς indica que las mujeres servían también a los discípulos. Tercero, en la frase τῶν ὑπαρχόντων el término ὑπάρχω significa "lo que se tiene a disposición", "propiedades", "posesiones", "dinero" o "pertenencias" (cf. Mt 19:21).[34]

---

[31] "No debería entenderse de ningún modo la mención de 'los siete demonios' expulsados del cuerpo de María Magdalena como alusión a una vida pecaminosa. No puede excluirse la idea, desde luego, ya que el evangelio de Juan recoge la noción común entre muchos judíos de la época de que la enfermedad podía deberse a un pecado propio o al de los padres (Jn 9:2-3)". Antonio Piñero, *Jesús y las mujeres*, Colección Milenio (Madrid: Aguilar, 2008), 110.

[32] Friberg, Friberg y Miller, "διακονέω", *Analytical Greek Lexicon* (versión BibleWorks 10).

[33] Klaus Hess, "διακονέω", *The New Dictionary of New Testament Theology*, ed. Colin Brown (Grand Rapids, MI: Zondervan, 1979), 3:544.

[34] Friberg, Friberg y Miller, "ὑπάρχω", *Analytical Greek Lexicon* (versión BibleWorks 10); Elsa Tamez e Irene Foulkes, "ὕπαρξις", *Diccionario conciso griego-español del Nuevo Testamento* (Stuttgart: Sociedades Bíblicas Unidas, 2013), 185. Ben Witherington III, *Women in the Ministry of Jesus: A Study of Jesus' Attitudes to Women and their Roles as Reflected in His Earthly Life*, Society for New Testament Studies Monograph Series 51, ed. G. N. Stanton (New York, NY: Cambridge University Press, 1998), 195, n. 238.

Cuarto, el pronombre αὐτός, al final, aclara que los bienes eran "de ellas".[35]

Lucas ofrece noticias directas antes de la pasión y muerte de Jesús, acerca de un grupo de mujeres que le ayudaban en sus necesidades materiales con recursos de su propio patrimonio. "Ese grupo de tres féminas aparece destacado del formado por otras muchas, que probablemente no eran discípulas continuas de Jesús, sino que habrían subido con Jesús a Jerusalén para la Pascua".[36] Sobre estas mujeres, Piñero amplía:

Nada se sabe del estado civil de Susana ni de María Magdalena, si eran casadas o no, como Juana. De María Magdalena se puede sospechar que si su ciudad natal, Magdala, corresponde a la Tariquea de Flavio Josefo, era natural de una villa cercana al lago de Genesaret, y que pudo haber conocido allí a Jesús como los otros discípulos galileos, Pedro, Andrés y los hijos de Zebedeo, que se dedicaban a faenas pesqueras. Quizá María

---

[35] Friberg, Friberg y Miller, "αὐτός", *Analytical Greek Lexicon* (versión BibleWorks 10).

[36] "El texto está redactado en estilo muy lucano y parece que, salvo la mención a Juana y Susana, puede provenir de la tradición propia de Lucas. El conjunto está inspirado en Mr 15:40-41 un tanto modificado. El pasaje de Marcos en el que se apoya el tercer evangelista es un sustento firme de que algunas mujeres seguían a Jesús durante su ministerio o vida pública. Al hilo de los dos textos y de algunas otras noticias sueltas de los evangelios, se puede establecer como casi seguro que el rabino de Galilea era acompañado por mujeres que le ayudaban de algún modo en sus necesidades económicas, al menos con su servicio". Los nombres de las tres mujeres en el texto de Marcos aparecen repetidos en sus noticias acerca de la tumba vacía (16:1-2), pero en otras listas (cf. Lc 24:9-12) aparece algún nombre distinto: María Magdalena, Juana y María la de Santiago. Por ello, no hay seguridad sobre la composición exacta del trío de mujeres, que debían de ser las más destacadas. Para Marcos, al menos, esas tres mujeres eran como la contrapartida femenina del importante trío masculino formado por Santiago, Pedro y Juan. Piñero, *Jesús y las mujeres*, 107-109; Luis Ángel Montes Peral, "El comportamiento de las mujeres discípulas en la pasión de Marcos", *Estudios Eclesiásticos* 88, no. 344 (2013): 25.

Magdalena tenía el mismo oficio o participaba en algún modo de él... ¿Como dueña de un barco? Sería una hipótesis para explicar el texto de Lucas: "le servían con sus bienes".[37]

Alberto de Mingo observa que "Jesús contó con la asistencia de algunas mujeres (Mr 15:41) y defendió que también sus discípulos fueran alimentados por las familias que los acogían (6:10)".[38] Santiago Guijarro Oporto sintetiza: "Se encuentra luz sobre cómo Jesús afrontó las dificultades financieras estudiando sus palabras sobre la confianza en el Padre, que reflejan una vida alejada de esas preocupaciones".[39]

Por tanto, Jesús, el Hijo del Hombre (Mt 8:20b), afrontó y venció los obstáculos que surgen en la gestión financiera dentro del enfoque de vivienda y sustento personal sin que esto fuera problema en su vida terrenal en el cumplimiento de su misión. Fueron dificultades y desafíos necesarios que superó confiando en la provisión sobrenatural del Padre y asistido por algunas mujeres que le servían.

---

[37] "La versión lucana del texto, al precisar que las mujeres tenían sus propios dineros, muestra probablemente el deseo de elevar el estatus social de las féminas. Es propio de la teología de Lucas resaltar que entre los que tenían contacto con Jesús había gente importante y rica. Sin embargo, salvo Juana, mujer de un administrador de Herodes Antipas, nada dice Lucas del estatus social de las otras dos. Respecto a María, la madre de Santiago el menor y de José, parece inverosímil que con esa descripción el evangelista esté aludiendo a la madre de Jesús. Y si es así, no se sabe en realidad más de ella". Piñero, *Jesús y las mujeres*, 110.

[38] Alberto de Mingo, "¿Cómo Jesús afrontó las dificultades financieras?", correo electrónico enviado a Mauricio Ortiz Ch., 13 de diciembre de 2021.

[39] Santiago Guijarro Oporto, "¿Cómo Jesús afrontó las dificultades financieras?", correo electrónico enviado a Mauricio Ortiz Ch., 13 de diciembre de 2021; Klyne Snodgrass, "Jesus and Money-No Place to Hide and No Easy Answers", *Word & World* 30, no. 2 (2010): 141.

En el cumplimiento de su misión, Jesús afrontó la oposición que surge en la lucha espiritual con Satanás y los demonios

En conexión con el tercer tipo de oposición, de acuerdo con la narrativa de Marcos, desde el inicio de su misión Jesús afrontó la oposición que surge en la lucha espiritual con Satanás y los demonios. Se observa a lo largo de todo el evangelio que los protagonistas malignos en esa lucha fueron Satanás (o su equivalente "Beelzebúb", descrito como "príncipe de los demonios", Mr 3:22; Mt 12:24) y los demonios o espíritus inmundos.[40] El evangelista se refirió a ellos un total de treinta y seis veces usando los siguientes términos o sus formas conjugadas: "espíritu(s) impuro(s)"

---

[40] La identificación exacta de "Beelzebúb" (בעלזבוב, *ba^calz^eb̲û̲b̲*) no está clara; tal vez signifique "señor de las moscas" (2 R 1:2-3, 6, 16; Jos. *Ant.* 9.19). Otra posibilidad, "señor de la casa" (זבוב significa "morar"), resonaría con el uso de Jesús de οἰκία (Mr 3:25, 27). La casa del fuerte ("señor de la casa") está siendo saqueada por el más fuerte (1:7a) que es verdaderamente el Señor de la Casa, es decir, del Templo (1 R 8:13; Is 63:15). Watts, "Mark", 145; Flavio Josefo, *Antigüedades Judías: Libros I-XI*, Akal/Clásica, ed. José Vara Donado (Madrid: Akal, 1997), 507. El libro Testamento de Salomón presenta a Beelzebul (tal como Antonio Piñero traduce el término) como "el príncipe de los demonios" lo cual indica que ese nombre se conocía en la época en la que Marcos fue escrito. A. Piñero, "Testamento de Salomón", en *Apócrifos del Antiguo Testamento*, eds. Alejandro Díez Macho, María Ángeles Navarro, Alfonso de la Fuente y Antonio Piñero (Madrid: Cristiandad, 1987), 5:339. El personaje (correspondiente a Satanás) dirige a los demonios para afligir a la humanidad. Elizabeth E. Shively, *Apocalyptic Imagination in the Gospel of Mark: The Literary and Theological Role of Mark 3:22-30*, Beihefte zur Zeitschrift für die Neutestamentliche Wissenschaft und die Kunde der Älteren Kirche 189 (Berlin: De Gruyter, 2012), 60. Las variantes en el griego son: Βεελζεβούλ, Βεεζεβούλ y Βεελζεβούβ. Friberg, Friberg y Miller, "Βεελζεβούλ", *Analytical Greek Lexicon* (versión BibleWorks 10). Se deduce que de estas variantes surgen las diferencias en las traducciones. Alberto Maggi utiliza el término "Belcebú". Alberto Maggi, *Jesús y Belcebú: Satán y demonios en el Evangelio de Marcos* (Bilbao: Desclée de Brouwer, 2000), 17. Dale Basil Martin traduce "Beelzeboul". Dale Basil Martin, "When Did Angels Become Demons?", *Journal of Biblical Literature* 129, no. 4 (2010): 670.

(πνεῦμα ἀκάθαρτος) y "demonio(s)" (δαιμόνιον), once veces cada uno; "Satanás" (Σατανᾶς), seis veces; "endemoniado(s)" (δαιμονίζομαι), cuatro veces; y "Beelzebúb" (Βεελζεβούλ), "espíritu mudo" (πνεῦμα ἄλαλον), "espíritu" (πνεῦμα) y "espíritu mudo y sordo" (ἄλαλον καὶ κωφὸν πνεῦμα), una sola vez cada uno.[41]

En el relato de la tentación (Mr 1:12-13) la presencia de Satanás desde el inicio del ministerio de Jesús fue una señal del tiempo de crisis determinado por la oposición al Hijo de Dios que surge del espíritu del mal que ha afectado la historia de la humanidad. En el v. 13, la expresión "siendo tentado por Satanás" (πειραζόμενος ὑπὸ τοῦ σατανᾶ) muestra que "tentar" (πειράζω) fue la primera manifestación de oposición a Jesús de parte de Satanás mencionada en el evangelio.[42]

En el AT el término שָׂטָן se utiliza en referencia a un "adversario" o "acusador" sobrenatural del pueblo de Dios (Job 1-2; Zac 3:1-2; 1 Cr 21:1), como el demandante fiscal en la corte divina (Sal 109:6). La raíz hebrea aparece treinta y tres veces en el AT, seis de ellas como verbo (Sal 38:21; 71:13; 109:4, 20, 29; Zac 3:1). Sin embargo, el término *śāṭān*, como nombre propio, no se concibió ni aplicó expresamente hasta el siglo II a.C.[43] Marcos utiliza el término Σατανᾶς solo seis

---

[41] La lista de textos en cada categoría es la siguiente: πνεῦμα ἀκάθαρτος, Mr 1:23, 26, 27; 3:11, 30; 5:2, 8, 13; 6:7; 7:25; 9:25; δαιμόνιον, 1:34 (x2), 39; 3:15, 22 (x2); 6:13; 7:26, 29, 30; 9:38; Σατανᾶς, 1:13; 3:23 (x2), 26; 4:15; 8:33; δαιμονίζομαι, 1:32; 5:15, 16, 18; Βεελζεβούλ, 3:22; πνεῦμα ἄλαλον, 9:17; πνεῦμα, v. 20; y ἄλαλον καὶ κωφὸν πνεῦμα, v. 25.

[42] Juan Antonio Estrada, "Las relaciones Jesús-pueblo-discípulos en el evangelio de Marcos", *Estudios Eclesiásticos* 54, no. 209 (1979): 153.

[43] Neil Forsyth, *The Old Enemy: Satan and The Combat Myth* (Princeton, NJ: Princeton University Press, 1989), 4; John H. Walton, Victor H. Matthews y Mark W. Chavalas, *Comentario del contexto cultural de la Biblia: Antiguo*

veces en todo su evangelio (Mr 1:13; 3:23 (x2), 26; 4:15 y 8:33). Todas, a excepción de la primera, fueron mencionadas por Jesús.[44] A diferencia de Mateo y Lucas, Marcos identifica al oponente de Jesús en el desierto como Σατανᾶς. En los relatos paralelos Mateo y Lucas lo llaman διάβολος (Mt 4:1, 5, 8; Lc 4:2, 3, 13).[45] En referencia à Satanás, Marcos tampoco utiliza el término "maligno" (πονηρός) usado en otros libros del NT (Ef 6:16; 1 Jn 2:13; 3:12; 5:18).[46]

El escenario en el desierto fue protagonizado por Jesús, Satanás, las fieras y los ángeles (Mr 1:13). Marcos no especificó los detalles de esa tentación ni del triunfo de Jesús en esa batalla, pero fue un indicativo de su victoria progresiva sobre Satanás, la cual Jesús refirió en parábolas más adelante (3:27; cf. Is 49:24-25).[47] En el desierto, Jesús no cedió a las tres tentaciones específicamente mesiánicas contra la sumisión a la voluntad de Dios (Mt 4:1-11; Lc 4:1-13). Sin embargo, durante toda su vida se oyeron ecos de las mismas; de la primera, en la sugerencia de sus hermanos de mostrar quién era (Jn 7:3-5); de la segunda, en un intento popular de hacerle rey

---

Testamento (El Paso, TX: Mundo Hispano, 2004), 554. El término שָׂטָן significa "adversario" u "oponente" y también se usa con referencia a adversarios y acusadores humanos. Gary Williams, "Observaciones", correo electrónico enviado a Mauricio Ortiz Ch., 23 de enero de 2023.

[44] Maggi, *Jesús y Belcebú*, 111, 114.

[45] Shively, *Apocalyptic Imagination*, 43, 60, 158.

[46] Geert Van Oyen, "Demons and Exorcisms in the Gospel of Mark" en *Demons and the Devil in Ancient and Medieval Christianity*, eds. Nienke Vos y Willemien Otten (Leiden: Brill, 2011), 105.

[47] Emmanuel Kwabena Frimpong, "Mark and Spirit Possession in an African Context" (tesis de Ph.D., University of Glasgow, 2006), 34, 47; Richard Thomas France, "The Beginning of Mark", *The Reformed Theological Review* 49, no. 1 (1990): 16; John Paul Heil, "Jesus with the Wild Animals in Mark 1:13", *Catholic Biblical Quarterly* 68, no. 1 (2006): 77; Bill O'Shea, "The Mind and Message of Mark", 2017, http://evangelisationbrisbane.org.au/assets/uploads/the-mind-message-of-mark.pdf (18 de mayo de 2022).

(6:15) y quizá también en lo que constituyó la idea final de Judas Iscariote; y de la tercera, la más claramente satánica, en la pregunta de Pilato: "¿Así que tú eres rey?" (18:37). En general, las posteriores tentaciones a Jesús son en sustancia la misma lucha por la obediencia absoluta, la sumisión a la voluntad de Dios, que constituye el Reino de Dios. [48]

El evangelio de Marcos contiene cuatro relatos principales de Jesús afrontando espíritus inmundos/demonios: (1) la expusión de un espíritu inmundo (πνεῦμα ἀκάθαρτος) de un hombre en una sinagoga de Cafarnaúm (1:21-28); (2) la expulsión de un espíritu inmundo (πνεῦμα ἀκάθαρτος), que resultaron ser varios, de un hombre en Gergesa (5:1-20); (3) la expulsión de un espíritu inmundo (πνεῦμα ἀκάθαρτον, 7:25) = demonio (δαιμόνιον, v. 26), de la hija de una mujer griega sirofenicia (vv. 24-30); y (4) la expulsión de un espíritu mudo (πνεῦμα ἄλαλον, 9:17) = espíritu (πνεῦμα, v. 20) = espíritu inmundo (πνεύματι τῷ ἀκαθάρτῳ, v. 25) = espíritu mudo y sordo (ἄλαλον καὶ κωφὸν πνεῦμα, v. 25), de un muchacho (vv. 14-29).

Tomando el ejemplo del hombre con el espíritu inmundo en la sinagoga (Mr 1:21-28) se puede decir que los exorcismos en Marcos muestran el siguiente patrón literario: (1) una declaración de posesión (v. 23); (2) un diálogo con el espíritu u otra persona (v. 24); (3) el exorcismo (v. 25); (4) una demostración de la liberación (v. 26); y (5) la reacción de asombro de la multitud (v. 27). Una explicación de los exorcismos presentada en este evangelio es la propia visión de

---

[48] Alfred Edersheim, *Comentario Bíblico Histórico* (Barcelona: CLIE, 2009), 767.

Marcos, su concepción de estos como parte de una lucha cósmica entre las fuerzas de la justicia y las del mal, cuya resolución se esperaba en aquella época.[49] Aunque Marcos identificó a estos espíritus con varios términos, utilizó la ecuación: "espíritu inmundo" = "demonio".

Según el primer relato, en la sinagoga estaba un hombre con espíritu inmundo ("espíritu impuro", πνεύματι ἀκαθάρτῳ) que gritó (Mr 1:23) diciendo: "¿Qué tienes contra nosotros, Jesús nazareno? ¿Viniste para destruirnos? Conozco quién eres: El Santo de Dios" (v. 24). Esto indica que los espíritus malignos conocían la identidad de Jesús y el propósito de su misión: llegó para destruirlos.[50] Los espíritus inmundos reconocieron que el ministerio de Jesús implicaba una lucha entre el Reino de Dios y el reino de Satanás.[51] Matera informa:

> La fuente del conocimiento que tenían los espíritus inmundos provino de los eventos que se produjeron en el prólogo. Satanás tentó al Hijo de Dios en el desierto (Mr 1:12-13). En consecuencia, sus subordinados estaban conscientes de la identidad de Jesús. Ellos sabían quién era Él y por qué había llegado. La proclamación pública de su identidad fue un intento de socavar su misión al revelar quién era en el camino a la cruz.[52]

---

[49] Charles W. Hedrick, "Miracles in Mark: A Study in Markan Theology and Its Implications for Modern Religious Thought", *Perspectives in Religious Studies* 34, no. 3 (2007): 300, 304, 308.

[50] Frimpong, "Mark and spirit possession", 65.

[51] O'Shea, "The Mind and Message of Mark", 2017, http://evangelisationbrisbane.org.au/assets/uploads/the-mind-message-of-mark.pdf (18 de mayo de 2022); Matera, "The Prologue as the Interpretative Key to Mark's Gospel", 10.

[52] Ibíd. "Esto podría explicar por qué fue tan fácil para los espíritus inmundos y tan difícil para los discípulos potenciales, entender quién era Jesús y

El espíritu inmundo reveló quién era Jesús pues lo identificó como "el Santo de Dios" (ὁ ἅγιος τοῦ θεοῦ), conocía su identidad (Mr 1:24). Y Jesús lo reprendió diciendo: "Cállate y sal de él" (v. 25). "Y el espíritu inmundo, sacudiendo con violencia al hombre, habiendo gritado a gran voz, salió de él" (v. 26). Por razones que no se revelaron en ese momento era prematura una proclamación pública de la identidad de Jesús como el Hijo de Dios. Sin embargo, ninguno de los personajes humanos en la narrativa conocía la identidad y la misión de Jesús. Debían llegar a una comprensión de ello al presenciar e interpretar de manera correcta lo que Jesús iba a decir y hacer a partir del prólogo.[53]

La confrontación de Jesús con los espíritus inmundos fue sobre autoridad y poder. El uso del verbo "reprender" (ἐπιτιμάω, Mr 1:25; 3:12; 4:39; 8:33; 9:25; cf. LXX Zac 3:2) es distintivo por el carácter serio de la lucha.[54] Jesús escuchó las "declaraciones" de los espíritus inmundos, pero les mandó callar (Mr 1:24-25). En otra ocasión, estos "le rogaron" (5:10, 12). Según la narrativa de Marcos, era el pueblo el que tenía que captar la identidad de Jesús "leyendo" en sus obras (1:21-29; 3:11-12; 5:1-20; 9:14-29).[55] La "autoridad" (ἐξουσία) es una característica del milagroso ministerio de Jesús. Esa autoridad desempeñó un rol significativo en sus encuentros con los espíritus malignos y en los exorcismos que realizó, como muestra de la lucha cósmica entre las fuerzas de la justicia y las

---

cuál era su misión". Mary M. McGlone, "The core question", *National Catholic Reporter* 54, no. 7 (12 de enero de 2018): 17.

[53] Matera, "The Prologue as the Interpretative Key to Mark's Gospel", 10.

[54] Van Oyen, "Demons and Exorcisms in the Gospel of Mark", 109.

[55] Estrada, "Las relaciones Jesús-pueblo-discípulos en el evangelio de Marcos", 155.

del mal. Además, Jesús les otorgó esa autoridad a sus discípulos.[56]

Por tanto, Jesús afrontó y venció la oposición que surge en la lucha espiritual con Satanás y los demonios con la convicción de su identidad y de cuál era su *misión de rescate* (Mr 10:45; Mt 20:28) para establecer el Reino de Dios. Jesús no se desvió de su misión, tenía la autoridad y el poder de Dios para cumplirla.

Conclusión

Del caso de Jesús se concluye que en su ministerio afrontó la oposición que surge en las relaciones interpersonales con familiares, seguidores, líderes religiosos y no creyentes, pero permitió que la oposición humana persistiera. Asimismo, afrontó y venció los obstáculos o dificultades que surgen en la gestión financiera dentro del enfoque de vivienda y sustento personal sin que esto fuera problema en su vida terrenal en el cumplimiento de su misión. Confiaba en la provisión sobrenatural del Padre y era asistido por algunas mujeres que le servían. Además, afrontó y venció la oposición que surge en la lucha espiritual con Satanás y los demonios con la convicción de su identidad y de cuál era su misión. Tenía la autoridad y el poder de Dios para cumplirla.

---

[56] Mauricio Ortiz Ch., *Demonología en la teología de Marcos* (Salem, OR: Kerigma, 2020), 86, n. 13, 120.

Capítulo 4

EL CASO DE PABLO

Misión

Porque así nos ha ordenado el Señor: Te he puesto para luz de los pueblos para ser tú salvación hasta lo último de la tierra. Y oyendo los gentiles se alegraban y glorificaban la palabra del Señor y creyeron cuantos estaban designados para vida eterna (Hch 13:47-48; cf. Is 49:6; Gá 1:15-16; 2 Co 4:5-6; 10:4-5, 16; Ro 4:9; Hch 26:22-23).[1]

Pablo escribió la mayoría de sus cartas al calor de sus esfuerzos misioneros: luchando con la base teológica de la inclusión de los gentiles; afirmando la necesidad de que judíos y gentiles se aceptaran mutuamente en Cristo y en la Iglesia; abordando la desconcertante gama de nuevos problemas que asaltaron a las iglesias jóvenes a medida que el Evangelio echaba raíces en el mundo del politeísmo griego y confrontando herejías incipientes con las afirmaciones claras de la supremacía y suficiencia de Jesucristo.[2]

---

[1] Fue esta doble comprensión de las Escrituras lo que dio forma a todo el *curriculum vitae* de Pablo como el apóstol del Mesías Jesús a los gentiles. Christopher J. H. Wright, "La misión de Dios: Leyendo toda la Escritura misionológicamente", trad. Miguel Reyes, Kairós 57 (julio-diciembre de 2015): 56. En torno a este punto se centra la hermenéutica misiológica del AT, en su misión redentora. La elección de Israel no fue un rechazo de las otras naciones, sino que fue explícitamente por el bien de todas las naciones. Esta universalidad del propósito de Dios que abarca la particularidad de los medios elegidos por Dios es un tema recurrente. Ibíd., 59.

[2] Ibíd., 53. Antonio Piñero explica que Pablo entendió que los gentiles eran absolutamente necesarios para que se cumpliera la promesa de Abraham como el padre de numerosos pueblos cuando estos se incorporaran a Israel por haber

En este capítulo se presenta un estudio bibliográfico tocante a los tres tipos de oposición y obstáculos considerados, en las relaciones interpersonales, en la gestión financiera y en la lucha espiritual, que surgieron en el cumplimiento de la misión de Pablo. En vinculación con el primer tipo, se muestra que afrontó la oposición que surge en las relaciones interpersonales con líderes religiosos, los falsos apóstoles influyentes en la iglesia de Corinto. Luego, en relación con el segundo tipo, se describe que afrontó los desafíos que surgen en la gestión financiera en su sustento personal y en su actividad misionera. Después, en conexión con el tercer tipo, se expone que afrontó la oposición que surge en la lucha espiritual con un emisario de Satanás. Finalmente se cierra el capítulo con la conclusión respectiva. A continuación se presentan estos tipos de oposición y obstáculos delimitando el estudio a los pasajes representativos de 2 Co 8-13.[3]

---

creído en el Mesías y que se salvarían exactamente igual que los judíos. Pero era inconcebible para los judíos que los gentiles solo tenían que cumplir el decálogo, que no tenían que circuncidarse y que no tenían que observar las leyes de los alimentos. La idea hizo que los judíos pensaran en eliminar a Pablo. Antonio Piñero, "Guía para entender a Pablo de Tarso: Una interpretación del pensamiento paulino", video (min 37:25, 39:04), 18 de marzo de 2016, https://www.youtube.com/watch?v=N7vTo7tw92Y (27 de octubre de 2022).

[3] Para una amplia introducción a 2 Corintios, véase B. J. Oropeza, *Exploring Second Corinthians: Death and Life, Hardship and Rivalry*, Rhetoric of Religious Antiquity 3 (Atlanta, GA: Society of Biblical Literature Press, 2016), 1-41. Sobre los problemas de oposición en otras cartas paulinas, B. J. Oropeza expone que las comunidades de Cristo provenían de Asia Menor, Grecia/Macedonia, Roma y Antioquía de Siria. En su mayoría estaban compuestas por gentiles conversos, pero la influencia del liderazgo judío prevalecía en algunos casos. Los oponentes en las cartas paulinas varían. Algunos eran misioneros judeocristianos que insistían en la circuncisión de los gentiles conversos (Gálatas; Fil 3) o persuadían a los miembros de la congregación para que rechazaran la autoridad de Pablo (1 y 2 Corintios). Otros eran gentiles incrédulos que hostigaban a la comunidad cristiana (Tesalonicenses; Fil 1). Las congregaciones paulinas también se enfrentaban con una secta judía opuesta (Colosenses) y creyentes apóstatas cuyas enseñanzas falsas todavía estaban en las iglesias (cartas

En el cumplimiento de su misión, Pablo afrontó la oposición que surge en las relaciones interpersonales

En vinculación con el primer tipo de oposición, Pablo afrontó la que surge en las relaciones interpersonales con los falsos apóstoles. 2 Corintios contiene escenas intrigantes de la autenticidad apostólica de Pablo y su autoridad frente a una marcada oposición. El apóstol hace mención de sus visiones y revelaciones, contrasta la jactancia de sus oponentes y legitima su apostolado utilizando la ironía. Según Daniel L. Akin, la legitimación del ministerio de Pablo constituye uno de los temas importantes de 2 Co 10-13, principalmente en 12:1-10.[4]

Surge la pregunta: ¿Quiénes eran los oponentes de Pablo en 2 Corintios? Este ha sido un tema de discusión entre los

---

pastorales). Algunas advertencias en las cartas eran preventivas, o debido a los falsos maestros que penetraban en las congregaciones y encontraban audiencias receptivas entre los miembros (Romanos; Fil 3). B. J. Oropeza, *Jews, Gentiles, and the Opponents of Paul: The Pauline Letters*, Apostasy in the New Testament Communities 2 (Eugene, OR: Cascade Books, 2012), 309. Véase Roy Bowen Ward, "The Opponents of Paul", *Restoration Quarterly* 10, no. 4 (1967): 185-189, 191-193; Joseph B. Tyson, "Paul's Opponents in Galatia", *Novum Testamentum* 10, no. 4 (1968): 241-254; Carl R. Holladay, "Paul's Opponents in Philippians 3", *Restoration Quarterly* 12, no. 2-3 (1969): 77-90; Gerd Luedemann, *Opposition to Paul in Jewish Christianity*, trad. M. Eugene Boring (Minneapolis, MN: Fortress, 1989), 64-80, 97-103, 103-109, 109-111; Walt Russell, "Who Were Paul's Opponents in Galatia?", *Biblioteca Sacra* 147, no. 587 (1990): 329-350; Jerry L. Sumney, "Those Who 'Pass Judgement': The Identity of the Opponents in Colossians", *Biblica* 74, no. 3 (1993): 366-388; Thomas D. Lea, "Unscrambling the Judaizers: Who Were Paul's Opponents?", *Southwestern Journal of Theology* 37, no. 1 (1994): 27-29.

[4] Daniel L. Akin, "Triumphalism, Suffering, and Spiritual Maturity: An Exposition of 2 Corinthians 12:1-10 in its Literary, Theological, and Historical Context", *Criswell Theological Review* 4, no. 1 (1989): 119, 123; Johannes A. Loubser, "Exegesis and Proclamation: Winning the Struggle (Or: How to Treat Heretics) (2 Corinthians 12:1-10)", *Journal of Theology for Southern Africa* 75 (1991): 76.

estudiosos. Jerry L. Sumney resume las hipótesis sobre la identidad de dichos rivales y las clasifica en cuatro categorías principales: (1) la postura de los intérpretes que sostienen que Pablo fue atacado por judaizantes; (2) la opción de quienes los caracterizan presentándose a sí mismos como semejantes a los hombres divinos; (3) el planteamiento de quienes consideran que tales opositores eran gnósticos; y (4) la identificación de los mismos como pneumáticos.[5]

Dieter Georgi explica que los oponentes de Pablo creían necesario demostrar que eran valorados en un contexto de competencia misionera. Establecían estándares para poder ser apreciados y evaluados de manera adecuada en las comparaciones que los corintios hacían sobre diferentes asuntos. En 2 Co 10:12-13 el apóstol les reprocha su jactancia desmedida. Según Pablo, la competencia exponía la actitud carnal de los corintios (1 Co 3:3) y naturalmente también la de sus oponentes.[6]

Gerd Luedemann considera que los adversarios eran pneumáticos en el sentido que presumían que Cristo se manifestaba poderosamente en ellos. Exigían pruebas de ese

---

[5] Jerry L. Sumney, *"Servants of Satan", "False Brothers" and Other Opponents of Paul*, Journal for the Study of the New Testament, Supplement 188, ed. Stanley E. Porter (Sheffield: Sheffield Academic Press, 1999), 79-80; David E. Garland, "Paul's Apostolic Authority: The Power of Christ Sustaining Weakness (2 Corinthians 10-13)", *Review and Expositor* 86, no. 3 (1989): 384, n. 3; Doyle Kee, "Who Were the 'Super-Apostles' of 2 Corinthians 10-13?", *Restoration Quarterly* 23, no. 2 (1980): 65-76. Para una amplia disertación sobre el tema, véase David Álvarez Cineira, "Los adversarios paulinos en 2 Corintios", *Estudio Agustiniano* 37, no. 2 (2002): 249-274. Según los propósitos de este estudio, no se opta por alguna postura en particular. Se propone una combinación de algunas de ellas, tema a tratar en el próximo libro del autor de esta investigación.

[6] Dieter Georgi, *The Opponents of Paul in Second Corinthians* (Philadelphia, PA: Fortress, 1986), 236-237.

poder espiritual en Pablo y lo criticaban por carecer del mismo, es decir, que no poseía el Espíritu. Dependiendo de cómo se considere el origen histórico de la acusación, se pueden sugerir dos posibilidades en cuanto a su origen: interno, es decir, de Corinto, o externo, tal vez de Palestina. La delineación del apóstol refleja una incursión de oponentes de fuera en la iglesia de Corinto. En 2 Co 10:15 Pablo claramente aludió al hecho de que sus oponentes se jactaban de la obra de los demás.[7]

Por otro lado, ¿de qué otra manera criticaban a Pablo? Algunas deficiencias señaladas al apóstol por sus oponentes están conexas con las dinámicas de honor y vergüenza de la época. Las cartas de Pablo a los corintios muestran que sus opositores hacían una serie de críticas específicas a su apariencia física y a su carácter. Jennifer Larson expone al respecto:

> Cuando se analizan estas críticas en el trasfondo de las convenciones sociales grecorromanas del siglo I, se entiende cómo los oponentes de Pablo utilizaban los prejuicios de la época en su contra: la falta de atractivo físico, la incapacidad para liderar y persuadir a otros, y los indicadores de bajo estatus social al realizar trabajos manuales. En su invectiva contra el apóstol, sus rivales utilizaban las estrategias retóricas ampliamente reconocidas, tácticas con las que las audiencias corintias de la época deben haber estado bastante familiarizadas.[8]

Tocante al señalamiento de la deficiencia en elocuencia de Pablo, Victor Paul Furnish explica que había muchas

---

[7] Luedemann, *Opposition to Paul in Jewish Christianity*, 83-84, 92-97.

[8] Jennifer Larson, "Paul's Masculinity", *Journal of Biblical Literature* 123, no. 1 (2004): 85.

técnicas retóricas tradicionales que el apóstol utilizó para responder a las acusaciones de los falsos apóstoles. En cualquier caso, la concesión de Pablo en 2 Co 11:6 concuerda con varios casos en los que criticó la ornamentación retórica (1 Ts 2:4-5, 13; 1 Co 1:17; 2:1, 4, 13; 2 Co 2:17; 4:2, 7; 10:4b-5). La razón detrás del rechazo del apóstol hacia ese tipo de floritura retórica es vital para entender su argumentación a lo largo de la correspondencia corintia, y por qué tal reacción le ocasionó oposición. Pablo entendía que el lenguaje sin adornos era más apropiado para transmitir la locura de la cruz, en cuya debilidad se revelaba el poder de Dios (1 Co 1:17; 2 Co 4:7; 13:3-4).[9]

Pablo enfrentó a sus oponentes advirtiendo a los corintios que aquellos "súper apóstoles" estaban pregonando a un Jesús, un espíritu y un evangelio distintos a los que él les había predicado (2 Co 11:4). Los elementos de la doctrina de sus adversarios no se especifican en el texto, no se detallan cuáles eran esas desviaciones. En los vv. 12-15, el apóstol los identificó como falsos apóstoles y siervos de Satanás (οἱ διάκονοι αὐτοῦ, "los ministros de él", v. 15) con una actuación engañosa, reflejando a su señor. Satanás "se disfraza de ángel de luz" (μετασχηματίζεται εἰς ἄγγελον φωτός, v. 14) y puede aparentar "otra naturaleza". Tal duplicidad es el *modus operandi* tanto de Satanás como de los que le sirven para

---

[9] Victor Paul Furnish, *II Corinthians: Translated with Introduction, Notes, and Commentary*, The Anchor Bible (New York, NY: Doubleday, 1984), 505; Garland, "Paul's Apostolic Authority", 376; Peter Marshall, *Enmity in Corinth: Social Conventions in Paul's Relations with the Corinthians*, Wissenschaftliche Untersuchungen zum Neuen Testament 23 (Tübingen: Mohr Siebeck, 1987), 341.

alcanzar sus objetivos, oponiéndose a la misión de los llamados a participar en el establecimiento del Reino de Dios.[10]

Por tanto, Pablo afrontó la oposición que surge en las relaciones interpersonales con líderes religiosos, los falsos apóstoles influyentes en la iglesia de Corinto, advirtiendo a los corintios que sus opositores estaban pregonando a un Jesús, un espíritu y un evangelio distintos a los que él les había predicado (2 Co 11:4). Además, el apóstol hizo mención de sus visiones y revelaciones, contrastó la jactancia de sus oponentes y legitimó su apostolado utilizando la ironía (10-13).

Sin embargo, no se encuentra evidencia de que Pablo venció a sus oponentes ni de que superó su preocupación por estos y otros problemas todavía presentes al final de 2 Corintios. En 12:20-21 el apóstol enumeró los siguientes vicios: peleas (ἔρις), celos (ζῆλος), ira (θυμός), egoísmo (ἐριθεία), calumnia (καταλαλιά), chismes (ψιθυρισμός), vanidad (φυσίωσις) y desorden (ἀκαταστασία). Hubo algunos culpables de impureza (ἀκαθαρσία), inmoralidad sexual (πορνεία) y libertinaje (ἀσέλγεια). Es difícil determinar si la presencia de los opositores influyó en la permanencia de estos vicios, pero el problema continuaba irremediable.[11]

---

[10] Frank J. Matera, *II Corinthians: A Commentary* (Louisville, KY: Westminster John Knox Press, 2003), 22-24; Derek R. Brown, "The God of This Age: Satan in the Churches and Letters of the Apostle Paul" (tesis de Ph.D., University of Edinburgh, 2011), 205.

[11] Marcin Kowalski, *Transforming Boasting of Self into Boasting in the Lord: The Development of the Pauline 'Periautologia' in 2 Cor 10-13* (Toronto: University Press of America, 2013), 65-66, 170-171; Paul Barnett, *The Second Epistle to the Corinthians*, The New International Commentary on the New Testament (Grand Rapids, MI: Eerdmans, 1997), 26-28; Alfred Plummer, *A Critical and Exegetical Commentary on the Second Epistle of St. Paul to the Corinthians* (Edinburgh: T&T Clark, 1999), 363.

En el cumplimiento de su misión, Pablo afrontó los desafíos que surgen en la gestión financiera

En relación con el segundo tipo de obstáculos, Pablo también afrontó los desafíos que surgen en la gestión financiera tanto en su sustento personal como en su ministerio misionero. En el primer escenario, su política de trabajar para mantenerse a sí mismo no implicaba su descalificación como apóstol (2 Co 11:6). Además, las iglesias de Macedonia le proporcionaron apoyo en lugar de que los corintios tuvieran que hacerlo (v. 9). Su disposición de trabajar seglarmente para sustentarse lo distinguía de sus críticos en dirección opuesta, pues estos no estaban dispuestos a humillarse y trabajar (v. 12). Los oponentes de Pablo se referían a él como "un líder inferior".[12]

Según los críticos de Pablo, el trabajo artesanal denigraba su apostolado, pues pensaban que era algo vergonzoso (2 Co 11:7-9; 12:13-18; cf. 1 Co 9:3-18). Un aspecto a considerar es que entre los filósofos griegos existía el concepto de que la labor de un maestro digno estaba por encima del trabajo manual seglar. Pablo tenía razones para trabajar (Hch 18:1-3) y argumentó que recibió la ayuda de los hermanos de Macedonia para no ser carga a la iglesia de Corinto (2 Co 11:9-12). Si fue atacado por renunciar a ese apoyo económico, está claro que sus oponentes sí eran remunerados por la congregación.[13]

---

[12] James W. Evans, "Interpretation of 2 Corinthians", *Southwestern Journal of Theology* 32, no. 1 (1989): 29.

[13] Garland, "Paul's Apostolic Authority", 371. Cuando Pablo llegó a Corinto la ciudad todavía no había alcanzado su cenit como centro de manufactura, pero ya estaba reemplazando algunos productos extranjeros, como los italianos, con otros similares fabricados localmente. El apóstol pudo estar entre los artesanos que proveían productos locales y ejercía su oficio de fabricar

En el segundo escenario, el tema de 2 Co 8-9 se relaciona con una necesidad económica que fue la causa de la colecta para los santos en Jerusalén. La participación de Pablo en el proyecto tuvo sus raíces en un acuerdo (Gá 2:10): Santiago, Cefas y Juan habían pactado con Pablo y Bernabé que irían a los gentiles (v. 9). El requisito fue que se recordaran de los pobres (v. 10) quienes se identifican en otros textos como "los santos" (2 Co 8:4) o "los pobres entre los santos" en Jerusalén (Ro 15:26).[14] El término πτωχός utilizado por Pablo (Gá 2:10; 2 Co 6:10; Ro 15:26) describe literalmente a "alguien que depende de otros para su sustento", a un "pobre" o a un "indigente" (Mr 12:42); de esta manera, la frase οἱ πτωχοί significa "los pobres" (Mt 19:21).[15]

Gálatas 2:10 debe entenderse como una referencia a la pobreza literal de las masas judeocristianas de Jerusalén. En el AT y en el judaísmo se enfatizaba fuertemente la ayuda para

---

tiendas (Hch 18:1-3) que quizá no eran hechas de tela de pelo de cabra o cilicio, sino de cuero. Ben Witherington III, *Conflict & Community in Corinth: A Socio-Rhetorical Commentary on 1 and 2 Corinthians* (Grand Rapids, MI: Eerdmans, 1995), 10-11 y n. 24. "Pablo trabajaba el cuero para confeccionar tiendas y otros objetos". Giuseppe Barbaglio, *Pablo de Tarso y los orígenes cristianos*, 2a. ed., Biblioteca de Estudios Bíblicos 65, trad. Alfonso Ortiz García (Salamanca: Ediciones Sígueme, 1992), 51. El apóstol laboraba con sus propias manos para cubrir sus gastos en las ciudades donde realizaba su misión y financiaba sus propios viajes, al menos parcialmente, aunque no existen evidencias concretas. Álvaro Michelin Salomon, "Service, Stewardship, and Christian Communities in 2 Corinthians 8-9", *Journal of Latin American Theology* 13, no. 2 (2018): 64; Evans, "Interpretation of 2 Corinthians", 29; Luedemann, *Opposition to Paul in Jewish Christianity*, 89.

[14] Las donaciones voluntarias para los pobres se practicaron ampliamente en el judaísmo antiguo y fueron aceptadas por los cristianos. Charles H. Talbert, "Money Management in Early Mediterranean Christianity: 2 Corinthians 8-9", *Review and Expositor* 86, no. 3 (1989): 360; Evans, "Interpretation of 2 Corinthians", 27.

[15] Timothy Friberg, Barbara Friberg y Neva F. Miller, "πτωχός", *Analytical Greek Lexicon* (Bloomington, IN: Trafford, 2006, versión BibleWorks 10).

los pobres. La colecta a la que Pablo se refiere (2 Co 8-9) fue realizada para aliviar esa necesidad.[16] El término ὑστέρημα ("escasez", "penuria" o "indigencia") que el apóstol utilizó puede comprenderse como "lo que hace falta o es necesario para vivir" (8:14; 9:12; cf. 11:9).[17] Las razones de esa pobreza no están claras. Pablo se refirió a la gracia de Dios dada a las iglesias de Macedonia como "la riqueza de su generosidad" (τὸν πλοῦτον τῆς ἁπλότητος αὐτῶν, 8:2).[18] El apóstol enlazó la gracia (χάρις, "don" o "regalo") de Cristo con la gracia relacionada con la colecta de fondos. Pablo utilizó el término "igualdad" (ἰσότης, v. 14) para indicar que la abundancia de unos debe suplir la escasez de otros de manera recíproca.[19]

En 2 Co 8:7-9 Pablo enumeró seis virtudes en dos tríadas. La primera tríada incluye "fe" (πίστις), "palabra" (λόγος) y "conocimiento" (γνῶσις). La segunda tríada elogia a la iglesia por las cualidades que estaban más directamente relacionadas con la colecta. En primer lugar, ofrendaban con empeño y diligencia.[20] El término σπουδή o su sinónimo σπουδαῖος aparecen con frecuencia en relación con las actividades que requieren diligencia (vv. 7, 8, 16, 17, 22). En segundo lugar, fueron elogiados por su amor (ἀγάπη, vv. 7, 8, cf. v. 24). En

---

[16] Craig. S. Keener, *Comentario del contexto cultural de la Biblia: Nuevo Testamento* (El Paso, TX: Mundo Hispano, 2003), 520.

[17] Amador Ángel García Santos, *Diccionario del Griego Bíblico: Setenta y Nuevo Testamento*, Instrumentos para el estudio de la Biblia 21 (Estella: Verbo Divino, 2011), 878-879.

[18] Richard R. Melick Jr., "The Collection for the Saints: 2 Corinthians 8-9", *Criswell Theological Review* 4 (1989): 106.

[19] Awet Iassu Andemicael, "Grace, Equity, Participation: The Economy of God in 2 Corinthians 8:8-15", *Anglican Theological Review* 98, no. 4 (2016): 622.

[20] Los términos σπουδή y σπουδαῖος se pueden traducir como "prisa", "rapidez", "prontitud", "diligencia" o "esmero". García Santos, *Diccionario del Griego Bíblico*, 784.

tercer lugar, debían cultivar la gracia ("el don", vv. 6, 7; cf. 9:8) de dar. El argumento era simple, pero exigía una acción responsable.[21] En relación con este vínculo, Nelson Morales explica:

> Pablo subrayó la gracia de dar como una virtud ejemplificada por Cristo mismo (2 Co 8:6-15). El proyecto de la colecta fue al fin y al cabo de Dios, quien dio la gracia (v. 1) y la colecta fue un resultado concreto de esa gracia (v. 6)... Participar en ella fue expresar la gracia de Dios a otros (9:6-15)... Apeló a la abundancia de virtudes de los corintios (1 Co 1:5-7) para que ellos sobresalieran también en *esa gracia de dar* (2 Co 8:7, "generosidad", *BJ*). Deseaba que ellos ejercitaran esa generosidad como una expresión de la gracia que habían recibido.[22]

En 2 Co 8:13-15 Pablo ilustró su punto citando Éx 16:18 dentro de la narrativa de la distribución del maná, contrastando los términos ἄνεσις ("alivio" u "holgura") con θλῖψις

---

[21] Melick Jr., "The Collection for the Saints", 108 y n. 41. El término χάρις ocurre siete veces en 2 Co 8 (vv. 1, 4, 6, 7, 9, 16 y 19) y tres veces en el c. 9 (vv. 8, 14 y 15).

[22] "Para reforzar esta idea insistió en que no estaba ordenándoles ofrendar. Más bien, lo que buscaba era verificar la sinceridad (*lit.* 'probar') de su amor comparándolo con la buena disposición de los macedonios ('los demás', 2 Co 8:8). También sumó la maravillosa gracia del Señor Jesucristo como razón de su petición (v. 9)". Nelson Morales, "Segunda carta a los corintios", en *Comentario Bíblico Contemporáneo: Estudio de toda la Biblia desde América Latina*, ed. C. René Padilla (Buenos Aires: Certeza Unida, 2019), 1514-1515. La expresión sugiere que la ofrenda fue generosa y bien motivada, pues dieron "con determinación". El término a menudo se traduce como "generosidad", pero quizá también se podría aplicar en este contexto como "enfocada". Dieron para satisfacer las necesidades de los demás y Pablo tuvo mucho cuidado en la administración. Melick Jr., "The Collection for the Saints", 98, 106-107; Ralph P. Martin, *2 Corinthians*, Word Biblical Commentary 40 (Grand Rapids, MI: Zondervan, 2014), 431.

("aflicción" o "estrechez", 2 Co 8:13) y además ἰσότης ("igualdad") y περίσσευμα ("abundancia") con ὑστέρημα ("necesidad", v. 14).

Por tanto, los dos escenarios expuestos muestran la manera en que Pablo afrontó y venció los desafíos que surgen en la gestión financiera tanto en su sustento personal como en su ministerio misionero. En el primer escenario, lo hizo a través de su argumento de trabajar para mantenerse a sí mismo y a través de la ayuda de los hermanos de Macedonia, para no ser carga a los corintios. En el segundo escenario, el apóstol enlazó la gracia de Cristo con la gracia de dar, la generosidad, el enfoque y la diligencia en la administración de la colecta para suplir la necesidad económica de los cristianos de Jerusalén.

En el cumplimiento de su misión, Pablo afrontó la oposición que surge en la lucha espiritual con un mensajero de Satanás

En conexión con el tercer tipo de oposición, Pablo afrontó la que surge en la lucha espiritual particularmente con un mensajero de Satanás. El nombre Σατανᾶς ("Satanás") ocurre un total de siete veces en cuatro de las cartas no discutidas de Pablo (1 Ts 2:18; 1 Co 5:5; 7:5; 2 Co 2:11; 11:14; 12:7 y Ro 16:20) donde se le menciona también como ὁ πειράζων ("el tentador", 1 Ts 3:5). El nombre Σατανᾶς ocurre también en tres de las cartas discutidas del apóstol (2 Ts 2:9; 1 Ti 1:20; 5:15). En ese grupo de cartas también se le identifica como διάβολος ("diablo", Ef 4:27; 6:11; 1 Ti 3:6, 7; 2 Ti 2:26).

La frase ἄγγελος Σατανᾶ ("mensajero de Satanás", 2 Co 12:7) se refiere a uno de sus emisarios, un demonio o espíritu inmundo. La conjunción ἵνα ("para que") que ocurre tres veces en el v. 7, denota dos propósitos: "para que yo no sea exaltado" (ἵνα μὴ ὑπεραίρωμαι), que aparece dos veces, y "para que me dé puñetazos" (ἵνα με κολαφίζῃ), donde el tiempo presente del verbo κολαφίζω indica la continuidad de la acción. Nótese en la expresión "me fue dada" (ἐδόθη μοι) que antecede a la frase "una espina en la carne" (σκόλοψ τῇ σαρκί), que el verbo está en voz pasiva, lo cual se ha entendido por algunos estudiosos como un ejemplo del *passivum divinum*.[23] Está claro que Dios controla y permite tal situación. El término σκόλοψ es un *hapax legomenon*, en todo el NT ocurre solo aquí.[24]

Robert M. Price ve el sentido de "una espina en la carne", "un mensajero de Satanás para que me dé puñetazos" (2 Co 12:7), como literalmente un espíritu maligno enviado para castigar el orgullo de Pablo ante la maravilla de su experiencia. Price hace una analogía entre "espina" o "estaca" (σκόλοψ) y "cruz" (σταυρός, cf. σταυρόω, Gá 5:24).[25] Johannes A. Loubser considera que el apóstol utilizó el término σκόλοψ como un símbolo de oposición.[26] Sandra Hack Polaski lo

---

[23] Una exégesis de los significados de los verbos ὑπεραίρω y κολαφίζω, y de sus implicaciones, es un tema a tratar en el próximo libro del autor de esta investigación. La frase *passivum divinum* se utiliza en relación con las actividades divinas formuladas en voz pasiva. Indica una acción de Dios. Peter-Ben Smit y Toon Renssen, "The *passivum divinum*: The Rise and Future Fall of an Imaginary Linguistic Phenomenon", *Filología Neotestamentaria* 27 (2014): 3.

[24] Archibald Thomas Robertson, *Word Pictures in the New Testament* (Nashville, TN: Broadman Press, 1930), 4:365.

[25] Robert M. Price, "Punished in Paradise (An Exegetical Theory on II Corinthians 12:1-10)", *Journal for the Study of the New Testament* 7 (1980): 37; Akin, "Triumphalism, Suffering, and Spiritual Maturity", 138-139.

[26] Loubser, "Exegesis and Proclamation", 77.

interpreta como un objeto afilado o punzante que Pablo asoció metafóricamente con un trauma psicológico que lo afligía.[27]

El término σκόλοψ (2 Co 12:7b) significa literalmente "una estaca puntiaguda", "astilla" o "espina", un objeto penetrante dañino. En sentido figurado muchos estudiosos han interpretado que esto implica una aflicción o discapacidad agudamente dolorosa. El término σαρκί puede significar "*en* la carne" y podría indicar una dificultad grave o un problema doloroso, posiblemente una enfermedad física recurrente.[28]

La dificultad consiste en determinar a qué se refiere Pablo con "una espina en la carne". Los eruditos interpretan esta frase de maneras diferentes: como una enfermedad física causada por un demonio, como una debilidad pecaminosa, como un trauma psicológico o como la irritación causada por la oposición de los enemigos impulsados por Satanás, entre otras opciones. Si se entiende "*en* la carne" (como locativo de lugar) es probable que se esté pensando en una discapacidad física, como ya se indicó. Si se interpreta "*contra* la carne" (como dativo de desventaja), entonces "carne" puede estar refiriéndose a la naturaleza pecaminosa o a la debilidad.[29]

Terence Y. Mullins propone que la espina podría referirse a un enemigo irritante, como se observa en una descripción

---

[27] Sandra Hack Polaski, "2 Corinthians 12:1-10: Paul's Trauma", *Review and Expositor* 105, no. 2 (2008): 281-282.

[28] Friberg, Friberg y Miller, "σκόλοψ", "σαρκί", *Analytical Greek Lexicon* (versión BibleWorks 10); Simon J. Kistemaker, *Comentario al Nuevo Testamento: 2 Corintios* (Grand Rapids, MI: Libros Desafío, 2004), 344.

[29] Akin, "Triumphalism, Suffering, and Spiritual Maturity", 138; Polaski, "2 Corinthians 12:1-10", 279-284; Loubser, "Exegesis and Proclamation", 77.

similar de "enemigos" que ocurre en Jos 23:13.[30] En tal caso, el problema consistiría en explicar el significado de la expresión "un enemigo irritante en la carne". Nótese en el texto de Josué la frase "y de espinas" (ולצננים) con el sustantivo "espinas" (צנינים, *ṣᵉnînîm*; LXX: ἧλος). El término ἧλος también significa "clavo".[31]

Simon J. Kistemaker resume cinco de las propuestas principales acerca de las dolencias de Pablo: depresión, problemas de la vista, epilepsia, enemigos u opositores y la aparición de un espíritu maligno.[32] El autor de este libro considera que ambas frases, "una espina en la carne" y "un mensajero de Satanás", en aposición, son metafóricas, y podrían referir una enfermedad o algún tipo de impedimento causado por un espíritu maligno (bajo el control de Dios) que de algún modo afectaba a Pablo física y anímicamente, o que trataba de obstruir que recibiera las revelaciones divinas, lo cual repercutía en su desempeño ministerial.[33]

Y en relación con esto, ¿habrá entonces alguna explicación sobre la existencia de los espíritus malignos y sus diferentes roles? Se propone que estos han estado y siguen activos en la soberanía y bajo el control de Dios, para el

---

[30] Terence Y. Mullins, "Paul's Thorn in the Flesh", *Journal of Biblical Literature* 76, no. 4 (1957): 301-303.

[31] Friberg, Friberg y Miller, "צנינים", "ἧλος", *Analytical Greek Lexicon* (versión BibleWorks 10).

[32] Kistemaker, *Comentario al Nuevo Testamento: 2 Corintios*, 345-346.

[33] Según el autor de esta investigación, no existe igualdad entre ángeles caídos y demonios. Se trata de géneros espirituales malignos diferentes. Para una ampliación al respecto, véase Dale Basil Martin, "When Did Angels Become Demons?, *Journal of Biblical Literature* 129, no. 4 (2010): 664-666, 674, 675, 677; Mauricio Ortiz Ch., *Demonología en la teología de Marcos* (Salem, OR: Kerigma, 2020), 30-31, n. 17, 36.

cumplimiento de sus propósitos en la vida del cristiano, "para destrucción de la carne" (εἰς ὄλεθρον τῆς σαρκός, 1 Co 5:5a) y para "salvación", "liberación" o "rescate" (σῴζω, v. 5b),[34] para evitar que el creyente "se envanezca" (ὑπεραίρω, 2 Co 12:7), para que sea disciplinado (concepto relacionado con los términos παιδεία, παιδεύω y παιδευτής, Heb 12:7-11), y para que obedezca y "se someta" (ὑποτάσσω, v. 9b) a la voluntad de Dios. Los espíritus malignos están activos para que el cristiano conozca la guerra ("la lucha", ἡ πάλη, Ef 6:12a), para "resistir" (ἀνθίστημι, v. 13a) y "permanecer firme" (ἵστημι, vv. 11b, 13b, 14a). Estas razones son importantes como aplicaciones para la Iglesia de hoy en el proceso de la salvación y la madurez.[35]

Por tanto, Pablo afrontó la oposición que surge en la lucha espiritual con un emisario de Satanás, situación que tuvo que aceptar, pues no logró vencerlo de manera definitiva. Había un propósito de Dios acorde a la cristología de la debilidad (2 Co 12:7-10).[36]

Conclusión

Del caso de Pablo se concluye que en el cumplimiento de su misión afrontó la oposición que surge en las relaciones interpersonales con líderes religiosos, los falsos apóstoles influyentes en la iglesia de Corinto, advirtiendo a los corintios

---

[34] El verbo σῴζω significa "salvar", "librar", "rescatar". Friberg, Friberg y Miller, "σῴζω", *Analytical Greek Lexicon* (versión BibleWorks 10); García Santos, *Diccionario del Griego Bíblico*, 828.

[35] Ortiz Ch., *Demonología en la teología de Marcos*, 125, 137. Con base en 2 Co 12:1-7, algunos autores han propuesto que Satanás, además de afectar a Pablo física o emocionalmente, pretendía obstruir el conocimiento y la revelación de Dios, tema a tratar en el próximo libro del autor de esta investigación.

[36] Akin, "Triumphalism, Suffering, and Spiritual Maturity", 126-127.

que sus opositores estaban pregonando a un Jesús, un espíritu y un evangelio distintos a los que él les había predicado. Además, el apóstol hizo mención de sus visiones y revelaciones, contrastó la jactancia de sus oponentes y legitimó su apostolado utilizando la ironía. Sin embargo, no se encuentra evidencia de que los venció ni de que superó su preocupación por estos y otros problemas todavía presentes al final de 2 Corintios.

Pablo afrontó y venció los desafíos que surgen en la gestión financiera, tanto en su sustento personal como en su ministerio misionero. En el primer escenario, el apóstol lo hizo a través de su argumento de trabajar para mantenerse a sí mismo y por medio de la ayuda de los hermanos de Macedonia, para no ser carga a los corintios. En el segundo escenario, Pablo enlazó la gracia de Cristo con la gracia de dar, la generosidad, el enfoque y la diligencia en la administración de la colecta para suplir la necesidad económica de los cristianos de Jerusalén. Además, el apóstol afrontó la oposición que surge en la lucha espiritual con un emisario de Satanás, situación que tuvo que aceptar, pues no logró vencerlo de manera definitiva. Había un propósito de Dios acorde a la cristología de la debilidad.

Capítulo 5

PERSPECTIVAS MINISTERIALES

La oposición y los obstáculos están siempre presentes en la vida de quienes cumplen con la misión que Dios les ha delegado, porque se trata de personas imperfectas sirviendo al Señor en un mundo espiritual antagónico... Por esta razón, los llamados al ministerio afrontan diferentes adversidades.[1]

Daniel Tuchez

Expuestos los casos de Moisés, Jesús y Pablo como fundamento bíblico-teológico, según los tipos de oposición y obstáculos considerados, en este capítulo se complementa el estudio con algunas perspectivas ministeriales de académicos y de líderes en el desempeño pastoral y misionero que comparten sus testimonios y experiencias. Se sigue la misma estructura expositiva de los capítulos 2-4: sobre la oposición que surge en las relaciones interpersonales, en la gestión financiera y en la lucha interna o espiritual.

Sobre la oposición que surge en las relaciones interpersonales

Ese tipo de oposición podría ser consecuencia del surgimiento de las incertidumbres en cualquier sociedad que se está reorganizando, como sucedió en el caso de Moisés. Los motivos mezquinos y los celos provocan la oposición

---

[1] Daniel Tuchez, entrevista personal, FaceBook, 2 de febrero de 2022. Daniel Tuchez es el pastor de la Iglesia Bautista El Shaddai, en Jackson, TN. Ha plantado iglesias en EE.UU. y otros países.

ministerial. Aunque Dios se muestre como juez justo, la intercesión del líder es esencial para que la misericordia divina alcance a los opositores rebeldes. Un mediador no responde con una actitud vengativa, sino con oración, para que Dios retire la manifestación de su ira.[2]

El ministro no debería reclamar según la autoridad de su cargo: "¡Yo soy el titular designado por Dios! ¡Deben escucharme! ¡Sométanse a mí!". Al contrario, sin dejar su responsabilidad ni los canales adecuados de apelación y asistencia, dejando de lado todo pensamiento de venganza y todo deseo de destruir al opositor, presenta sus asuntos a Dios para que los juzgue y resuelva en el momento adecuado.[3] En lugar de ofuscarse debido a la oposición que surge en las relaciones interpersonales, el ministro debería discernir las intenciones y los propósitos dentro del plan perfecto de Dios.[4]

Tocante al caso de Moisés, David C. Hymes explica que el castigo de la tierra tragándose a los obstinados oponentes que fueron incinerados está fuera del ámbito normal de actividad disciplinaria en una comunidad cristiana. No está dentro de los parámetros de un modelo aplicable de

---

[2] Brian Weinstein, "In Defense of Korah", *Jewish Bible Quarterly* 37, no. 4 (2009): 263, 264; Mark D. Vander Hart, "Being Christlike in Conflict: Perspectives from the Old Testament", *Mid-America Journal of Theology* 27 (2016): 114.

[3] Ibíd., 120.

[4] Donald Capps comenta una disertación de Sigmud Freud sobre el concepto "resistencia" en el psicoanálisis y las aplicaciones que James E. Dittes propone para la Iglesia. Expone que existe una relación entre la oposición y el ingenio con el que el ministro la afronta, ya que la resistencia puede contribuir al éxito en un proceso terapéutico si es manejada hábilmente. Donald Capps, "Resistance in the Local Church: A Psychoanalytic Perspective", *Pastoral Psychol* 64, no. 5 (2015): 581-601.

legitimación del liderazgo actual.[5] Es posible ver la justificación de la intervención directa de Dios y la imposición de un juicio radical y total, pero esto no justifica que los ministros tomen parte en un acto de venganza.[6]

Por otro lado, G. Lloyd Rediger identifica a los oponentes extremos como "asesinos del pastor" que atacan intencionalmente a los ministros para destruirlos. Son malignos, destructivos, decididos, engañosos y traidores, con una perspectiva clínica o psicológica característica. Deben diferenciarse de las personas normales que podrían estar en desacuerdo y que, al causar daño de manera inadvertida, se oponen a algún proyecto o asunto pastoral común.[7] El abuso al pastor es un lamentable hecho que ocurre en algunas ocasiones. Aunque no sea golpeado físicamente, a veces está tan emocionalmente despojado y pisoteado espiritualmente que podría reprimir su deseo de ministrar.[8]

La oposición ministerial que surge en las relaciones interpersonales es inevitable dadas las diferencias de antecedentes, cultura, personalidad y género que provocan desacuerdos y conflictos. El desafío consiste en cómo

---

[5] David C. Hymes, "Heroic Leadership in the Wildernes", *Asian Journal of Pentecostal Studies* 9, no. 2 (2006): 318.

[6] Jože Krašovec, "Is There A Doctrine of 'Collective Retribution' in The Hebrew Bible?", *Hebrew Union College Annual* 65 (1994): 80.

[7] G. Lloyd Rediger, *Clergy Killers: Guidance for Pastors and Congregations Under Attack* (Louisville, KY: Westminster John Knox Press, 2009), 8-13.

[8] Kent Crockett y Mike Johnston utilizan el término "abusador". El abusador puede operar solo o con un grupo de miembros descontentos en oposición al pastor. A veces el ministro se somete al abuso porque cree que es mejor soportar. Kent Crockett y Mike Johnston, *Pastor Abusers: When Sheep Attack Their Shepherd* (Prattville, AL: Kent Crockett, 2012), 13.

afrontarlos. Algunas veces la oposición es aprovechable porque origina diferentes puntos de vista y conduce a la resolución de problemas complejos. En otras circunstancias, si los conflictos no se afrontan adecuadamente, pueden afectar la vida misma de un ministro. En todo caso, los patrones desesperados podrían convertirse en propósitos redentores.[9]

De acuerdo con esta perspectiva, ¿cómo visualizar la oposición que surge en las relaciones interpersonales con familiares cercanos? Se presenta un testimonio ilustrativo de ese tipo de oposición. Santiago del Camino, un profesional que desde su juventud ha tenido el deseo y la disposición de dedicar su vida al ministerio pastoral, revela:

> Poco tiempo después de mi conversión, siendo todavía muy joven, percibí en mi interior un llamado para servir a Aquél que me había hecho nacer a la vida espiritual. Me enamoré del Señor, de Su Palabra y comencé a predicar en las áreas marginales de mi ciudad, en los parques, en los barrancos, en los buses, en las casas, y en cualquier suburbio en el que hubiera oportunidad de anunciar a Jesucristo. Ese anhelo fue creciendo dentro de mí, pero no sabía cómo hacer realidad mi sueño de ser pastor. Mientras tanto, me dediqué a concluir mis estudios universitarios hasta donde pude especializarme para ejercer mi profesión de la mejor manera. Con el paso del tiempo, me casé y tuve una hermosa familia...

> En los años noventa se abrió una oportunidad de ejercer el ministerio de pastor a tiempo completo en una

---

[9] James P. Osterhaus, Joseph M. Jurkowski y Todd A. Hahn, *Thriving through Ministry Conflict: A Parable on How Resistance Can Be Your Ally* (Grand Rapids, MI: Zondervan, 2010), 16.

gran ciudad norteamericana. ¡Mi sueño ministerial se hacía realidad! Mi familia y yo emprendimos el viaje... Estaba empezando la mejor experiencia de mi vida. Me sentía muy entusiasmado, motivado y agradecido con Dios. Inicié la labor pastoral con pocas personas, pero en menos de un año, con el respaldo del Señor, tanto la membresía como el propio ministerio se fue fortaleciendo, y yo tenía la confirmación de Dios que estaba cumpliendo con mi llamado.

Obtuvimos los documentos legales para residir en ese país. En su fidelidad, Dios nos proveyó del sustento diario, de un apartamento y de un vehículo. Todo aparentemente iba bien, pero sucedió algo que yo nunca imaginé... Mi esposa comenzó a manifestarme su descontento, a ella no le agradaba ni el ministerio, ni el lugar donde estábamos, y no quería ser "la esposa de un pastor". Me expresaba que extrañaba su país y a su familia, y que definitivamente no hallaba acomodo en esa condición... La intensidad de su inconformidad fue de tal grado, que en un momento yo entendí que, si seguía en el ministerio, mi matrimonio se desmoronaría... Antes de los dos años abandoné la obra, la entregué a otro pastor y nos regresamos a nuestro país.[10]

¿Habrá situaciones similares a esta que estarán viviendo otros ministros que con su desempeño cumplen con la misión que Dios les ha delegado? Se esperaría que la oposición que surge en las relaciones interpersonales provenga de muchas

---

[10] Santiago del Camino, conversación por WhatsApp, 28 de octubre de 2022. Santiago del Camino (pseudónimo), junto con su familia, vive actualmente en su país y sigue ejerciendo su profesión. Con frecuencia es invitado por varios pastores a predicar en sus iglesias, en reconocimiento a su don de predicación y enseñanza. Sus hijos han seguido el buen ejemplo de vida cristiana que él les ha sabido inculcar. Sin embargo, el ejercicio de su ministerio pastoral se vio frustrado debido a la situación descrita.

personas, pero ¿de un familiar tan cercano como el cónyuge? Craig S. Keener puntualiza el hecho de que Dios no quiere que nada se interponga en el camino del seguimiento, ni siquiera la familia o las posesiones. Considera que no se puede ser discípulo de Jesús sin renunciar a todo (Lc 14:33), es "o todo o nada". Esto no significa que el seguidor de Jesús deba renunciar a su familia y a todas sus posesiones, sino establecer las prioridades correctas. Si Jesús realmente es el Señor de la vida de un discípulo, entonces todo su ser y todo lo que tiene le pertenece a Dios.[11]

Respecto a la oposición que surge en las relaciones interpersonales con líderes religiosos, según 2 Corintios, Pablo afrontó la oposición de sus rivales, los falsos apóstoles. Resalta su firmeza y su ejemplo como verdadero ministro en su acercamiento a sus oponentes. El elemento involucrado es que la gracia de Dios es suficiente para manejar incluso las circunstancias más adversas. Las polémicas verbales del apóstol difieren considerablemente de las que ocurren con frecuencia en la actualidad. La actitud de Pablo hacia sus adversarios puede verse como un modelo cristiano a seguir, ya que afrontar a un opositor de la manera bíblica no significa silenciar las diferencias o entrar en una reconciliación barata.[12]

La aplicación más relevante tocante al caso de Pablo es el hecho de que mientras sus oponentes presumían de un evangelio de poder, él actuaba de acuerdo con los principios de

---

[11] Craig S. Keener, "When Jesus Wanted All My Money and Everything Else. How I Learned He's an All-or-nothing Lord", *Christianity Today* 59, no. 4 (2015): 49.

[12] Johannes A. Loubser, "Exegesis and Proclamation: Winning the Struggle (Or: How to Treat Heretics) (2 Corinthians 12:1-10)", *Journal of Theology for Southern Africa* 75 (1991): 79.

la cristología de la debilidad. En 2 Co 12:6 se encuentra la esencia del pensamiento paulino. En medio de las oposiciones, el ministro verdadero muestra que su testimonio, su vida privada y pública, su predicación y su desempeño, constituyen un ejemplo y el principio para sopesar la experiencia cristiana genuina.[13]

La oposición que surge en las relaciones interpersonales con líderes religiosos podría ilustrarse con el testimonio de mujeres que conjuntamente con su esposo desempeñan un ministerio pastoral o de otro tipo, y manifiestan que dentro de los tipos de oposición afrontan barreras por el solo hecho de ser mujer. Es importante hacer notar que, en ciertos casos, la objeción no es la falta de preparación académica bíblico-teológica, pues algunas de ellas, además de tener un auténtico llamado de parte de Dios, poseen las cualidades necesarias respectivas. En tal sentido, Sharon Herrera testifica:

He afrontado la oposición de algunos líderes religiosos, no tanto por ejercer un ministerio, sino más como mujer... Simplemente por el hecho de ser mujer... Según mi interpretación, una mujer sí puede predicar y sí puede enseñar delante de hombres y mujeres sin hacer esa distinción... La mujer no está solo para cuidar a los niños... Algunos abordan este tema cultural a través del problema de la iglesia específica de Corinto... Al final, nunca acabamos con estos acercamientos. Pero reitero, mi posición es que la mujer sí puede enseñar. Estas

---

[13] Daniel L. Akin, "Triumphalism, Suffering, and Spiritual Maturity: An Exposition of 2 Corinthians 12:1-10 in its Literary, Theological, and Historical Context", *Criswell Theological Review* 4, no. 1 (1989): 126-128.

generaciones de líderes siguen ahí, pero probablemente unos años más adelante esto vaya cambiando.[14]

La oposición de parte de líderes religiosos en contra del ministerio de la mujer, o restringiendo su desarrollo en las áreas de predicación o enseñanza, según algunas de ellas lo expresan, puede llegar al extremo de la manipulación de los textos bíblicos con base en sus presuposiciones teológicas. Estrella Solorza lo expone así:

> Mi experiencia con líderes religiosos ha sido atroz, yo me he sentido violentada, y si no hubiera tenido una relación con Dios y la convicción de mi llamado, me hubiera quedado en el camino; ellos hubieran aplastado mi ministerio... Pero yo sé que el Señor me respalda y eso es lo que me sostiene... Algunos líderes manipulan las Escrituras, no aceptan el ministerio de la mujer... Aplastan ministerios que podrían bendecir al cuerpo de Cristo... Por la misma razón, en ciertos lugares de mi país me han rechazado, porque se han apoyado en una mala exégesis de un texto bíblico, para decirme que "a la mujer no se le permite enseñar"... Este es un contexto que ha sido difícil para mí, lo siento como mujer.[15]

---

[14] Sharon Herrera, entrevista personal, Google Meet, 23 de junio de 2022. David López y su esposa Sharon Herrera son pastores de jóvenes de un ministerio cristiano interdenominacional. Sharon es Coordinadora de Familia en el Instituto CRUX, con sede en la ciudad de Guatemala.

[15] Estrella Solorza, entrevista personal, Google Meet, 4 de julio de 2022. Marco Antonio Montero y su esposa Estrella Solorza son los pastores de la Iglesia Metodista Pentecostal Casa del Alfarero, en Temuco, Araucanía, Chile. En relación con la prohibición: "No permito que la mujer enseñe al hombre" (1 Ti 2:12), Raúl Rodríguez expone que, en el contexto de 1 Timoteo, el problema se dio especialmente en el ámbito de la falsa enseñanza por parte de maestros ignorantes (1:4-7) y su manera de explotar la falta de conocimiento de las mujeres para esparcir sus errores (v. 7; 5:13; 2 Ti 3:6; Tit 3:9). A la luz de ese contexto, Pablo ordenó que las mujeres no enseñaran a los hombres. En otros contextos, una mujer sí pudo instruir (enseñar) a un hombre, como ocurrió con Priscila, que,

Además, ¿cómo se puede ejemplificar la oposición que surge en las relaciones interpersonales con no creyentes? En referencia al ministerio de traducción bíblica a idiomas nativos, por ejemplo, Víctor A. Gómez testifica:

> En una de las comunidades me encontré con un antropólogo que me dijo con mala intención: "Los caminos de Dios son misteriosos, yo quería encontrarme con usted". Aparentemente estaba interesado en la labor de traducción, pues me hizo muchas preguntas, algunas relacionadas con las organizaciones que nos prestan algún tipo de apoyo... Un año después, el antropólogo publicó un libro advirtiendo que nuestra organización era "el último bastión de destrucción de la cultura indígena". Había una oposición fuerte, pero totalmente infundada. "Al menos nos están haciendo propaganda", fue mi respuesta cuando me mostraron el libro. Decidí no tomar ningún tipo de acción, esa fue la manera de contrarrestar a ese oponente que no logró causarnos ningún efecto negativo.[16]

---

acompañada de Aquila, instruyeron a Apolos (Hch 18:26). En 1 Co 14:26 el apóstol utilizó un lenguaje inclusivo: "Cuando os reunáis... cada uno tiene... una enseñanza...". Raúl Rodríguez, "Primera carta a Timoteo", en *Comentario Bíblico Contemporáneo: Estudio de toda la Biblia desde América Latina*, ed. C. René Padilla (Buenos Aires: Certeza Unida, 2019), 1583. Con base en lo anterior se concluye que la prohibición de Pablo apunta más bien a personas sin conocimiento bíblico o con algunas actitudes negativas, no al género femenino de manera específica. Este tema ya ha sido debatido ampliamente considerando diferentes posturas, y no es la intención del autor de este libro ahondar en él. Sin embargo, se plantea una pregunta hermenéutica para la aplicación de 1 Ti 2:12 en el contexto actual: ¿Debe prohibírsele a una mujer enseñar a hombres y/o mujeres en la iglesia local, si ha sido llamada por Dios a un ministerio, tiene un buen testimonio cristiano, es instruida en las Escrituras y posee una capacitación académica bíblico-teológica?

[16] Víctor A. Gómez, entrevista personal, Asunción, 7 de junio de 2022. Víctor A. Gómez es director ejecutivo de LETRA Paraguay y coordinador de consultoría en traducción bíblica de Seed Company, área de las Américas. El

Además, se incluye el testimonio de Darío Aldana, un misionero que en el ejercicio de su profesión con frecuencia afronta ese mismo tipo de oposición, como él manifiesta:

Al iniciar mis labores en el ejercicio profesional como optometrista hace treinta y cinco años en la ciudad de Puerto Barrios, de inmediato noté las diversas necesidades de mis pacientes, especialmente los de escasos recursos, a quienes se les dificultaba el acceso a servicios de cirugías oculares. Fue así como Dios me puso el sueño de construir un centro quirúrgico oftalmológico en el que hasta el día de hoy se han operado mas de cinco mil personas que han recuperado la visión. Desde entonces han aparecido personas del gremio que critican mis acciones y generan una gran oposición provocada por la envidia. He puesto esta situación ante el Señor en oración y los opositores no han logrado sus malos propósitos. Hoy puedo decir "misión cumplida", aunque todavía hay camino por recorrer.[17]

Es necesario también discernir si la oposición que surge en las relaciones interpersonales es provocada por espíritus malignos que están en contra de los que cumplen con la misión que Dios les ha encomendado. Considerando esta posibilidad, Manolo Urrutia previene:

Los espíritus malignos influencian a algunas personas para estorbar a los llamados por Dios. Los

---

testimonio de Gómez es representativo de los casos en los que la indiferencia es la estrategia que conviene para contrarrestar a un opositor.

[17] Darío Aldana, entrevista personal, Guatemala, 26 de octubre de 2022. Darío Aldana y su esposa Susi Schlemmer son fundadores del Centro Quirúrgico Oftalmológico del Norte, en la ciudad de Puerto Barrios, Izabal, Guatemala. Como misioneros son precursores del Programa de Cirugía Oftalmológica con Orientación Social en Fundación Misión Cristiana El Faro, en Punta de Palma, asistido también por su hijo Cristian y oftalmólogos provenientes de varios países.

opositores son rudos, ásperos y mal intencionados, porque el fin de Satanás es provocar desánimo... Los malos espíritus pueden lanzar a cualquier tipo de adversario humano contra el ministro, familiares, líderes religiosos, creyentes o no creyentes, con el fin de abatirlo y que abandone el ministerio.[18]

En cuanto a contextos interculturales, Paul Hertig muestra a Jesús abordando las situaciones con sabiduría, gracia y sensibilidad. Jesús prestaba atención a los marginados de la sociedad. A menudo interactuaba con personas a las que incluso sus discípulos querían evitar. Creó una atmósfera que provocaba transparencia por parte de los más necesitados.[19] Gómez ilustra ese tipo de acercamientos según su experiencia:

En las primeras visitas a las comunidades a las que nos acercamos para iniciar el proceso de traducción bíblica, los nativos nos consideran extraños, pero con el tiempo logramos que nos reciban amistosamente... Nos ofrecen sus casas o la escuela donde podamos dormir. Comemos lo que nos ofrecen, aunque no sea apetecible para nosotros... Es un proceso de identificación. Lo que más les agrada es que nos tomemos el tiempo para aprender su lengua. A mí me tomó tres años aprender una de ellas... Por medio de la cultura y la lengua podemos acercarnos a ellos.[20]

---

[18] Manolo Urrutia, "Las asechanzas de Satanás y de los demonios al ministro", correo electrónico enviado a Mauricio Ortiz Ch., 28 de enero de 2022. Manolo Urrutia es el pastor general de Ministerios Cosecha con sede en San Francisco, CA. Ha plantado iglesias en EE.UU. y otros países.

[19] Paul Hertig, "The Powerful and Vulnerable Intercultural Encounters of Jesus", *Mission Studies* 32, no. 2 (2015): 312.

[20] Gómez, entrevista personal, Asunción, 7 de junio de 2022.

Se cierra esta sección con algunas estrategias para afrontar la oposición que surge en las relaciones interpersonales en términos generales. Iain M. Duguid sugiere: (1) tener la convicción de que Dios la permite según su soberanía y sus planes perfectos; (2) no adoptar una posición de poder, sino de compasión y persuasión; (3) cultivar la paciencia y la confianza por causa de la misión de Dios; y (4) reconocer el peligro que los opositores representan protegiendo a los demás de su influencia dañina, tergiversación y engaño, pero con una disposición de reconciliación, demostrando un modelo de liderazgo sabio, perspicaz y pacificador.[21]

Asimismo, Guy Greenfield proporciona cuatro consejos básicos para la edificación en medio de esas circunstancias: (1) no quejarse; (2) estar en la disposición de comenzar de nuevo; (3) crecer en la fe a través del perdón; y (4) predicar el Evangelio, no las heridas propias.[22] Además, Carey Nieuwhof expone cinco principios para liderar en medio de la oposición: (1) discernir quiénes son los verdaderos opositores, pues no siempre las voces más fuertes son las principales; (2) decidir si enfocarse en las personas a las que se quiere alcanzar o en las que se quiere conservar; (3) encontrar un filtro para saber a qué personas escuchar; (4) atacar los problemas, no a las personas; y (5) no renunciar, sino resistir y perseverar.[23] Las estrategias

---

[21] Iain M. Duguid, *Numbers: God's Presence in the Wilderness*, Preaching the Word, ed. R. Kent Hughes (Wheaton, IL: Crossway, 2006), 156.

[22] Guy Greenfield, *The Wounded Minister: Healing from and Preventing Personal Attacks* (Grand Rapids, MI: Baker, 2001), 221-226.

[23] Carey Nieuwhof, *Leading Change Without Losing It: Five Strategies That Can Revolutionize How You Lead Change When Facing Opposition (The Change Trilogy for Church Leaders)* (Cumming, GA: The reThink Group Inc., 2012, versión Kindle).

para afrontar las críticas se basan en una actitud realista con juicio sobrio y la gracia de Dios.[24]

Sobre los obstáculos y desafíos que surgen en la gestión financiera

En relación con los problemas económicos, el caso de Moisés ejemplifica cómo la provisión del maná (Éx 16) demuestra que, en medio de las necesidades básicas de la vida, la abundancia de Dios es suficiente para que sus ministros y el pueblo de Dios tengan lo necesario. La comida es primordial y no se puede reprochar que esta se obtenga a través del trabajo para asegurar su suministro, sin que el deseo de la provisión ponga en peligro la dependencia de Dios.[25] Tocante al caso de Pablo, Richard Hays explica:

> El apóstol aplicó la narrativa del Éxodo como una moraleja: percibió en la historia del maná una parábola financiera que enseña cómo Dios provee el pan de cada día a aquellos que no se afanan por el mañana. Una actitud de acaparamiento es innecesaria y constituye una afrenta a Dios, quien es perfectamente capaz de proveer abundantemente a quienes confían en sus promesas, por

---

[24] Joel R. Beeke y Nicholas J. Thompson, *Pastors and their Critics: A Guide to Coping with Criticism in the Ministry* (Phillisburg, NJ: P&R Publishing, 2020), 55-120. Gary Williams considera que es necesario analizar los casos en los que la oposición es merecida, beneficiosa y/o necesaria, pues no siempre es un mal que se debe superar. Ejemplo de ello es la referencia a la oposición contundente de Pablo a la manera en que Pedro llevaba a cabo su misión en Antioquía (Gá 2:11-21). Williams afirma que nadie realiza su misión impecablemente. Gary Williams, "Observaciones", correo electrónico enviado a Mauricio Ortiz Ch., 23 de enero de 2023.

[25] Ann Fritschel, "Exodus 16 as an Alternative Social Paradigm", *Currents in Theology and Mission* 41, no. 1 (2014): 38; Rebecca P. Judge y Charles C. Taliaferro, "Companionable Bread", *Word & World* 33, no. 4 (2013): 370.

lo que no compartir el excedente era inapropiado para los cristianos de Corinto.[26]

Jesús enseñó a orar por el pan de cada día y afirmó que el Padre es la fuente de sustento (Mt 6:11; Lc 11:3). Karl Barth concibe a Dios cumpliendo su señorío paternal sobre sus criaturas preservando y dirigiendo todo el curso de su existencia. ¿Cuánto más proveerá a sus ministros? (12:22-29). Lucas enfatiza la confianza en el Padre sobre todo cuando el propósito de un ministro es hacer la obra de Dios. Jesús envió a sus discípulos y les dijo que dependieran del Padre a través de la hospitalidad local (9:3-4; 10:4-8). Esta provisión está relacionada con la misión a la que Dios envía.[27] Jesús requiere el autosacrificio implícito en el seguimiento, que involucra mucho más que el dinero. Seguir a Jesús y participar en su misión tiene prioridad sobre todo lo demás, incluida la seguridad residencial y las obligaciones sociales y familiares (9:57-62). Aprender a confiar en Dios en esta área es un proceso lento y difícil. El ministro llamado por Dios experimenta la provisión de Dios vez tras vez porque el Señor es fiel en proveer, incluso cuando se piense que no lo hará.[28]

Tocante a las posesiones, las necesidades de Jesús y de sus discípulos eran simples. Cuando los envió a predicar esperaba que fueran apoyados principalmente por aquellos a quienes ministraban (Lc 8:3; 10:1-8). Las enseñanzas de Jesús acerca de la mayordomía se basaban en la importancia del

---

[26] Richard B. Hays, *Echoes of Scripture in the Letters of Paul* (New Haven, CT: Yale University Press, 1989), 88.

[27] Judge y Taliaferro, "Companionable Bread", 371; Karl Barth, *The Doctrine of Creation*, volumen 3 de *Church Dogmatics*, eds. G. W. Bromiley y T. F. Torrance (Edinburgh: T&T Clark, 1976), 58.

[28] Keener, "When Jesus Wanted All My Money", 48-49.

desarrollo espiritual de los demás. Pudo haberles dicho: "No busco lo tuyo, te busco a ti".[29]

Por otro lado, Pablo afrontó la dificultad que surge en la gestión financiera en su sustento personal y en su ministerio misionero. El apóstol salió de Atenas, ciudad que había visitado en su segundo viaje misionero, y fue a Corinto (Hch 18:1). Extranjero y sin los medios de sustento, se asoció con Aquila, un judío recién llegado de Italia como consecuencia del edicto de Claudio que desterraba a los judíos de Roma (v. 2) y Pablo trabajaba con él en su oficio de hacer tiendas (v. 3).[30] En relación con la actividad bivocacional de Pablo y las aplicaciones para hoy, Mynor Fuentes manifiesta:

---

[29] Holmes Rolston, "Ministry to Need: The Teachings of Jesus Concerning Stewardship of Possessions", *Interpretation* 8, no. 2 (1954): 142; Ben Witherington III, *Women in the Ministry of Jesus: A Study of Jesus' Attitudes to Women and their Roles as Reflected in His Earthly Life*, Society for New Testament Studies Monograph Series 51, ed. G. N. Stanton (New York, NY: Cambridge University Press, 1998), 118.

[30] Charles Hodge, *An Exposition of II Corinthians*, The Ages Digital Library Commentary (Albany, OR: Books for The Ages, 1997, software version 2.0), 5. Sobre la colecta para la comunidad cristiana de Jerusalén (2 Co 8-9) Álvaro Michelin Salomon encuentra diez aplicaciones: (1) discernir las distintas realidades económicas de la iglesia y de la sociedad para ubicarse dentro de la comunidad de fe en el contexto circundante; (2) la iglesia debe conectarse internamente a pesar de las distancias geográficas, culturales y económicas; (3) el dinero debe utilizarse en solidaridad para la comunidad; (4) el ámbito material no está fuera del interés de Cristo, y por tanto, de Pablo; (5) no se debe exigir ni obligar a nadie a dar, pero se debe motivar, exhortar y alentar a hacerlo; (6) se debe dar con alegría y convencimiento para que no se convierta en una carga; (7) el hecho de desprenderse de un bien material es la oportunidad ideal para superar el egoísmo natural y crecer en comunión con otros para experimentar la bondad de Dios; (8) es necesario planificar el servicio y la mayordomía para no sufrir las consecuencias de la desorganización; (9) los ministros deben tomar en serio el trabajo en equipo; y (10) en un mundo globalizado, el servicio tiene un alcance local, regional, nacional e internacional, implementando redes más allá de la congregación local. Álvaro Michelin Salomon, "Service, Stewardship, and Christian Communities in 2 Corinthians 8-9", *Journal of Latin American Theology* 13, no. 2 (2018): 62-64.

Hay circunstancias en las que el pastor necesita trabajar porque la iglesia no puede apoyarlo económicamente. En ocasiones el ministro no recibe un salario acorde a las necesidades que debe cubrir como proveedor de su propia familia... Se pueden dar situaciones de escasez muy difíciles por las que los mismos hijos del pastor no quieren saber nada del ministerio... Desde la perspectiva bíblica, Pablo trabajaba en la fabricación de tiendas de campaña para poder auto-sostenerse... A través de la actividad bivocacional el ministro también puede ayudar a otros necesitados ejerciendo su profesión y ministerio paralelamente.[31]

Pablo argumentó que tenía razones para trabajar y no ser una carga para los cristianos de Corinto (2 Co 11:9-10, 12), pero también fue claro al indicar que "los que anuncian el Evangelio, que vivan del Evangelio" (1 Co 9:14).[32] Rigoberto Gálvez amplía: "El apóstol utilizó figuras para hablar del

---

[31] Mynor Fuentes, entrevista personal, Guatemala, 21 de abril de 2022. Mynor Fuentes ejerce su profesión de odontólogo y es el pastor de la Iglesia Centroamericana Salem, en Villa Nueva, Guatemala.

[32] James W. Evans, "Interpretation of 2 Corinthians", *Southwestern Journal of Theology* 32, no. 1 (1989): 29. Nótese que esto implica que un ministro o un misionero debe recibir la ayuda financiera para su sustento personal y el de la obra que realiza. Paul Wright observa en Ro 15:24 que Pablo utiliza el verbo προπέμπω que se puede traducir "proveer para suministros". Paul Wright, entrevista personal, Guatemala, 17 de enero de 2023. El verbo προπέμπω se puede definir como "enviar a alguien proporcionándole lo necesario". Amador Ángel García Santos, *Diccionario del Griego Bíblico: Setenta y Nuevo Testamento*, Instrumentos para el estudio de la Biblia 21 (Estella: Verbo Divino, 2011), 718. Wright explica que el apóstol tenía la expectativa de que la iglesia de Roma sostuviera su proyecto misionero con sus ofrendas. "Este descubrimiento, cuando yo recién comenzaba en la obra misionera, me fortaleció para emprender aquello para lo que Dios me había llamado. Si Pablo pudo expresar su expectativa de una ofrenda, entonces yo podría seguir su ejemplo... El misionero no debe tener vergüenza de invitar a los oyentes a 'invertir' en lo que Dios está haciendo en y a través de él". Wright, entrevista personal, Guatemala, 17 de enero de 2023. Wright es escritor, profesor de Biblia y Teología, y rector del *Instituto Bíblico Evangélico Mendoza* (IBEM), en Mendoza, Argentina.

salario del que ejerce el ministerio: el soldado que no vive a sus propias expensas, el pastor que bebe de la leche del rebaño que apacienta y el labrador que come del fruto de la viña que planta... Así también ordenó el Señor que los que anuncian el Evangelio, que vivan del Evangelio".[33] En esta misma línea, Javier Ibáñez considera que es preferible dedicarse por completo al ministerio:

> Las necesidades financieras preparan nuestro carácter y fortalecen nuestra fe... Jesús nunca pasó por crisis económicas porque dependía del Padre. Si el Padre nos envía a hacer algo, Él se encarga de todo... Por supuesto que necesitamos recursos, pero si Dios nos ha llamado, Él va a mostrar la forma de afrontar esas situaciones... No soy de la opinión de que el trabajo bivocacional sea la solución a los problemas económicos. Si con mi profesión voy a trabajar en un banco ocho o diez horas diarias, no le voy a dedicar ese tiempo al ministerio. Mostraría mi falta de confianza en Dios como proveedor.[34]

Se observa en relación con este punto que la actividad bivocacional en el ministerio puede ser para algunos una solución a las dificultades financieras, aunque para otros este no es el medio más recomendable. Este recurso depende de las circunstancias específicas y en algunos casos podría ser temporal.

---

[33] Rigoberto Gálvez, "Consulta de hermenéutica y contextualización", correo electrónico enviado a Mauricio Ortiz Ch., 17 de agosto de 2017. Rigoberto Gálvez es el co-pastor general de la Iglesia de Jesucristo la Familia de Dios, en la ciudad de Guatemala.

[34] Javier Ibáñez, entrevista personal, Zoom, 30 de junio de 2022. Javier Ibáñez es el director para América Latina de First Cause y el pastor de la Iglesia Cristiana Monte de los Olivos, en Lima, Perú.

Otro punto importante del aspecto financiero es lo relativo a los peligros en el manejo de los fondos. Desde épocas muy tempranas en el Antiguo Cercano Oriente existía el problema de que alguien se apropiaba, para uso privado, de lo que legalmente pertenecía al Templo.[35] Moacyr Malaquías Jr. señala que los bienes económicos recibidos son de Dios y deben ser administrados santa, transparente y responsablemente en la iglesia.[36] Por consiguiente ¿qué medidas administrativas se deberían adoptar hoy para garantizar la transparencia y mantener la confianza de la feligresía? Walter Heindenreich atestigua: "La base para evitar cualquier mal uso de los fondos es el establecimiento de controles financieros adecuados. El manejo del dinero no debe estar en manos de una sola persona".[37]

Tocante a la gestión financiera se concluye que existen necesidades que requieren de inversión, pero el criterio principal para la atención de las mismas es que no debe hacerse de manera antojadiza, sino estableciendo prioridades. Las dificultades financieras se vuelven desafiantes en la vida personal y ministerial. La confianza en la providencia de Dios es esencial mientras se planifica y se actúa con la guía del Espíritu Santo para que los ministros no caigan en ansiedad ni en desánimo.[38]

---

[35] John H. Walton, Victor H. Matthews y Mark W. Chavalas, *Comentario del contexto cultural de la Biblia: Antiguo Testamento* (El Paso, TX: Mundo Hispano, 2004), 927.

[36] Moacyr Malaquías Jr., "O direito da igreja de possuir bens materiais", *El Ágora Universidad de San Buenaventura* 6, no. 1 (2006): 127.

[37] Walter Heidenreich, entrevista personal, Guatemala, 22 de agosto de 2017. Walter Heidenreich es el pastor general de la Iglesia Nazaret Central, en la ciudad de Guatemala.

[38] Franz J. Hinkelammert y Henry Mora Jiménez, "Por una economía orientada hacia la reproducción de la vida", *Íconos Revista de Ciencias Sociales*

Sobre la oposición y los obstáculos que surgen en la lucha interna o espiritual

En conexión con las luchas internas, ¿qué circunstancias podría afrontar el cristiano de hoy que está ejerciendo su ministerio? La narrativa bíblica describe a hombres y mujeres de Dios llamados para cumplir una misión individual o grupal afrontando algún tipo de debilidad o impedimento que podría limitar su desempeño. Sin embargo, en medio de esa situación, ¿se cancelan los propósitos de Dios debido a las limitaciones humanas? En casos como el de Moisés, sus logros en el camino del pueblo de Israel fueron incluso mayores considerando su dificultad para hablar.[39] Daniel Tuchez testifica:

> Moisés tenía problemas para hablar y Dios le proveyó con todo lo necesario para enfrentar a Faraón y para sacar al pueblo de Israel y llevarlo por el desierto hasta la frontera de la Tierra Prometida... En mi caso particular, en el año 1956 me atacó la poliomielitis, y en ese tiempo no había vacuna para esa enfermedad... Pero a pesar de todo, he podido viajar por veintiséis países llevando la Palabra de Dios. He plantado iglesias en Guatemala, México, EE.UU., Indonesia y Myanmar, y he hecho más de veinticinco viajes misioneros a países donde están las etnias menos alcanzadas del mundo. Las dificultades y los impedimentos, dentro de los propósitos de Dios, se convierten en bendición.[40]

---

33 (2009): 40; Malaquías Jr., "O direito da Igreja de possuir bens materiais", 127, 138; L. Gregory Jones, "Boldly Humble", *The Christian Century* 126, no. 21 (2009): 59.

[39] Stuart Pollack, "The Speech Defect of Moses", *Jewish Bible Quarterly* 26, no. 2 (1998): 123.

[40] Tuchez, entrevista personal, FaceBook, 2 de febrero de 2022.

Las limitaciones humanas podrían afectar el desempeño ministerial como consecuencia de un impedimento que podría ser una enfermedad física. En su sermón sobre las estrategias para afrontar estas adversidades, Mardoqueo Pop aconseja:

> Cuando llegan las situaciones externas difíciles, lo primero que comúnmente hacemos es pedirle a Dios que nos libre de ellas... Pero lo que debemos hacer es preguntarle al Señor: "¿Qué quieres que yo aprenda? ¿Cómo quieres transformarme? ¿Cuáles son las áreas de mi vida que tengo que cambiar? Aquí estoy, dispuesto"... Lo digo por propia experiencia porque yo no le pedí al Señor que me sanara de cáncer... Le daba gracias a Dios y le pedía: "Enséñame"... Le preguntaba: "¿Cuál es tu propósito?"... No es fácil, pero sí se logra.[41]

Lo más común y difícil de discernir son las situaciones emocionales internas que el ministro vive en su trayectoria desde el momento de su llamamiento. Urrutia confirma: "Cuando recibí mi llamado al ministerio, me encontré con muchas dificultades internas, problemas de carácter, la falta de una visión definida, las dudas que surgían... En mis relaciones con los demás me sentía cohibido y me afectaba lo que expresaran de mí".[42] Dentro de ese tipo de obstáculos, al iniciar su proyecto misionero oftalmológico, Aldana revela: "Los primeros impedimentos que tuve que superar para emprender mi proyecto fueron el temor y el desaliento... Pero con fe en

---

[41] Mardoqueo Pop, "¿Qué hacer ante la adversidad?", video (min 16:22), 19 de junio de 2022, https://www.youtube.com/watch?v=bnNDUYiVMU4 (5 de julio de 2022). Mardoqueo Pop es el pastor de Educación Cristiana de la Iglesia Nazaret Central, en la ciudad de Guatemala.

[42] Urrutia, "Las asechanzas de Satanás y de los demonios al ministro", correo electrónico enviado a Mauricio Ortiz Ch., 28 de enero de 2022.

Dios y el amor que Él me puso por los necesitados, logré superar mis luchas internas".[43]

En el contexto de las crisis de la vida, Jorge A. Ponce considera que "cultivar la actitud resiliente es un imperativo, no solo una buena idea". Define la actitud resiliente como "la mentalidad o disposición constante de pensar y actuar con la convicción personal de creerse responsable de la propia madurez y de la respuesta proactiva a las pruebas con las que Dios moldea nuestras vidas". Ponce precisa: "La resiliencia es la capacidad emocional del ser humano para asimilar las adversidades de la vida, adaptarse con flexibilidad y ser transformado positivamente por ellas".[44] "Las personas resilientes ven una oportunidad en los retos del cambio y la adversidad. Se caracterizan por cinco grandes atributos fundamentales: positividad, enfoque, flexibilidad, organización y proactividad".[45]

Por otro lado, la estrategia básica para afrontar la oposición que surge en la lucha espiritual con Satanás y los demonios, según el caso de Jesús, es discernir que el rol de los espíritus malignos es oponerse a la misión de Dios e impedir que se cumpla. Jesús afrontó la oposición de Satanás y los demonios con autoridad. El ministro de hoy también debería afrontarlos con la autoridad que Jesús le delega.[46] Urrutia advierte:

---

[43] Aldana, entrevista personal, Guatemala, 26 de octubre de 2022.
[44] Jorge A. Ponce, *Liderazgo resiliente: Convirtiendo las oportunidades del nuevo comienzo en ventaja* (Guatemala: Punto Creativo, 2022), 82, 89.
[45] Ibíd., 83-84.
[46] Geert Van Oyen, "Demons and Exorcisms in the Gospel of Mark" en *Demons and the Devil in Ancient and Medieval Christianity*, eds. Nienke Vos y

Según Mr 1:23-24 Satanás y sus demonios nos conocen y de ellos provienen múltiples estorbos y trampas que un ministro llega a afrontar. El propósito maligno consiste en obstaculizar la vida de un vaso destinado al servicio de Dios... Los ataques son tan sutiles que se necesita oración y el consejo de ministros experimentados para ayudar a los afectados y discernir las intenciones malignas... El Señor nos da autoridad sobre los malos espíritus y nos respalda, por lo cual no les debemos temer... Dios tiene el control, sabe cuidar a los suyos, y por tanto, no debemos rendirnos jamás.[47]

Los relatos de posesión de espíritus son una experiencia intercultural bastante extendida. A menudo se expresan e interpretan de maneras culturalmente específicas, pero los casos en sí aparecen ampliamente, lo cual advierte contra el escepticismo ante dicha realidad.[48] Jesús ejemplificó la práctica de la misericordia para quienes estaban atados por los espíritus malignos. En este sentido, James LaGrand resalta que para Jesús ningún ser humano fue una cancelación en sus cálculos, pues siempre demostró compasión por los necesitados. En lugar de evitar los incidentes, con discernimiento espiritual,

---

Willemien Otten (Leiden: Brill, 2011), 109; Dorothy A. Lee, "'Signs and Works': The Miracles in the Gospels of Mark and John", *Colloquium* 47, no. 1 (2015): 92.

[47] Urrutia, "Las asechanzas de Satanás y los demonios al ministro", correo electrónico enviado a Mauricio Ortiz Ch., 28 de enero de 2022.

[48] Craig S. Keener, "Spirit Possession as a Cross-cultural Experience", *Bulletin for Biblical Research* 20, no. 2 (2010): 216, 231. Acerca del tema "antropología de creencias y prácticas actuales de posesión espiritual y exorcismos", véase Craig S. Keener, "Apéndice B: Spirit Possession and Exorcism in Societies Today", en *Miracles: The Credibility of the New Testament Accounts* (Grand Rapids, MI: Baker, 2011), 2:788-856; Craig S. Keener, *Hermenéutica del Espíritu: Leyendo las Escrituras a la luz de Pentecostés* (Salem, OR: Kerigma, 2017), 118; Craig S. Keener, "Crooked Spirits and Spiritual Identity Theft: A Keener Response to Crooks?", *Journal of Mind and Behavior* 39, no. 4 (2018): 358.

Jesús se ponía del lado de hombres miserables en una escalada de oposición espiritual, y cuando fue desafiado por el mal, lo enfrentó y resolvió el asunto de inmediato.[49]

Respecto a la idea de vencer definitivamente la oposición en el cumplimiento de la misión, Jean Starobinski subraya que la victoria ganada por Jesús en un inicio anunciaba otras victorias que continuamente hacen que resurjan oposiciones de todo tipo para postergar la reconciliación final del mundo y proyectarla en una dimensión futura de expectación. Durante ese proceso, la oposición nunca desaparece por completo, se reagrupa en nuevos frentes, retrocede de acuerdo con una estrategia de defensa móvil, adoptando nuevos patrones, tantas veces como sean necesarios para resistirla mientras persista, con el fin de estimular la esperanza de la eliminación total del mal.[50]

Conclusión

Con base en el problema presentado en el capítulo 1, los conceptos del fundamento bíblico-teológico desarrollados en los capítulos 2-4 y las perspectivas ministeriales expuestas en este capítulo, el siguiente cuadro muestra el panorama general

---

[49] James LaGrand, "The First of the Miracle Stories According to Mark (1:21-28)", *Currents in Theology and Mission* 20, no. 6 (1993): 480-481. "Para Jesús las personas siempre son más importantes que las propiedades. A Él no le importa herir algunas 'sensibilidades', lo que le importa son las personas necesitadas y su liberación espiritual". Craig S. Keener, "El Evangelio de Mateo" (módulo de maestría, Seminario Teológico Centroamericano, Guatemala, 9 de julio de 2019); Hertig, "The Powerful and Vulnerable Intercultural Encounters of Jesus", 313.

[50] Jean Starobinski, "An Essay in Literary Analysis - Mark 5:1-20", *The Ecumenical Review* 23, no. 4 (1971): 396.

de las formas de afrontar los distintos tipos de oposición y obstáculos descritos en este libro.

Las formas de afrontar la oposición y los obstáculos

No.	Tipo de oposición/ obstáculo/ desafío	Etapa 1 Fundamento bíblico-teológico	Etapa 2 Perspectivas ministeriales
1	Relaciones interpersonales	• Convicción del respaldo de Dios • Diálogo, advertencia e intercesión por los oponentes • Aplicar los principios de la cristología de la debilidad	• Discernimiento de las causas de la oposición, de las intenciones de los oponentes y de los propósitos de Dios • Fe y confianza en la gracia y el control de Dios, sin quejas • Intercesión por los oponentes con compasión • Convicción en la misión delegada por Dios • Manejo de los conflictos a través del diálogo, gracia, sabiduría, sensibilidad, persuasión, perspicacia, paciencia, una actitud pacificadora, de reconciliación y perdón • Atacar los problemas, no a las personas • Actitud resiliente, realista, con juicio sobrio • Indiferencia (cuando convenga)
2	Gestión financiera	• Dependencia y confianza en las promesas de provisión de Dios vinculada a la misión delegada • Administración de la provisión de Dios • Asistencia y ayuda económica de personas • Trabajo bivocacional • Gracia de Cristo para dar con generosidad	• Fidelidad al llamado, convicción de la misión delegada, confianza y dependencia de Dios • Buen testimonio y conciencia del autosacrificio implícito en el cumplimiento de la misión • Prioridades y transparencia en el uso de fondos con controles financieros adecuados • Trabajo bivocacional (si la situación lo amerita)
3	Lucha interna o espiritual	• Discernimiento de las intenciones y propósitos malignos para impedir que se cumpla la misión de Dios	• Consejo de ministros y ayuda psicológica • Discernimiento de las intenciones malignas • Resistir, perseverar, no rendirse • Ser irreprensible y prudente • Oración, relación con Dios • Expulsión de demonios sin temor

Capítulo 6

REFLEXIONES E INTEGRACIÓN

La misión, desde el punto de vista de nuestro esfuerzo humano, es la participación comprometida del pueblo de Dios en los propósitos de Dios para la redención de toda la creación. La misión, como la salvación, pertenece a nuestro Dios y al Cordero. Nosotros somos los que estamos llamados a participar en su realización.[1]

Christopher J. H. Wright

Expuestos los casos de Moisés, Jesús y Pablo como fundamento bíblico-teológico de este estudio, y el complemento de algunas perspectivas ministeriales de académicos y de líderes en el desempeño pastoral o misionero que comparten sus testimonios y experiencias relacionadas con los tres tipos de oposición y obstáculos considerados, en este capítulo se presentan algunas reflexiones actuales sobre los

---

[1] Christopher J. H. Wright explica que "una hermenéutica misiológica busca leer cada parte de la Biblia: (1) a la luz del propósito de Dios para toda su creación, incluyendo la redención de la humanidad y la creación de los cielos nuevos y de la tierra nueva; (2) a la luz del propósito de Dios para la vida humana en general en el planeta, y de todo lo que la Biblia enseña sobre la cultura, las relaciones, la ética y el comportamiento; (3) a la luz de la elección histórica de Israel por parte de Dios, la identidad y el papel de Israel en relación con las naciones y las demandas que Dios hizo sobre su adoración, ética social y sistema total de valores; (4) a la luz de la centralidad de Jesús de Nazaret, su identidad y misión mesiánica en relación con Israel y las naciones, y su cruz y resurrección; (5) a la luz del llamado de Dios a la Iglesia, la comunidad de creyentes judíos y gentiles que constituyen el pueblo extendido del pacto abrahámico, a ser el agente de la bendición de Dios a las naciones en el nombre del Señor Jesucristo y para su gloria". Christopher J. H. Wright, "La misión de Dios: Leyendo toda la Escritura misionológicamente", trad. Miguel Reyes, *Kairós* 57 (julio-diciembre de 2015): 62.

conceptos "misión" y "Reino de Dios". Luego se expone sobre el concepto "rescate" en relación con el tema de estudio para la integración conceptual total. Finalmente se cierra con las conclusiones de la investigación.

El concepto "misión"

¿Cómo definir "misión" en el siglo XXI? Christopher J. H. Wright, acerca de este importante tema, observa que la palabra "misión" ni siquiera está en la Biblia. No es una de esas grandes palabras bíblicas como "fe", "salvación" o "justicia". Entonces ¿cuál es el objetivo de tratar de encontrar una comprensión bíblica de "misión"? La palabra "Trinidad" tampoco está en la Biblia, y sin embargo, el término revela muy claramente a Dios como Padre, Hijo y Espíritu Santo. Hay razón al hablar de una comprensión bíblica de la Trinidad, incluso si la palabra en sí no fue inventada por ningún escritor de la Biblia. De manera similar, la palabra "misión" no está en la Biblia, pero está relacionada claramente con Dios, quien impulsa toda la historia del universo hacia adelante con un propósito divino y un destino final, y que llama a un pueblo a participar en esa misión divina, un pueblo con una identidad y con un rol dentro del plan de Dios.[2]

Así es como se sugiere comprender la palabra "misión". El hecho es que esta se ha convertido en una palabra controvertida. Por supuesto, hay quienes detestan a la

---

[2] Este es un material inédito del próximo libro de Christopher J. H. Wright, *The Great Story and the Great Commission: Participating in the Biblical Drama of Mission* (Grand Rapids, MI: Baker, 2023), traducido por el autor de este libro y usado aquí con permiso; Christopher J. H. Wright, "Mission", correo electrónico enviado a Mauricio Ortiz Ch., 10 y 20 de octubre de 2022.

cristiandad por completo debido a su "celo misionero", incluido el proselitismo agresivo y la conversión de personas de otras religiones. Pero recientemente ha habido algunos dentro del redil de la confesión cristiana evangélica, como Michael W. Stroope, que cuestionan el uso continuo del término.[3] Esto se debe a una variedad de motivos, no simplemente porque no es en sí misma una palabra bíblica. El término no se usaba en los primeros siglos de la Iglesia, aunque ciertamente se estaba haciendo lo que hoy se llamaría "misión", en el sentido de difundir más y más la buena noticia de la salvación por medio de la fe en Cristo entre los nuevos pueblos.[4]

La palabra "misión" tiene mucho bagaje negativo proveniente del lado oscuro de los esfuerzos misioneros cristianos en siglos posteriores,[5] mientras que en tiempos más recientes el adjetivo "misional" se ha aplicado de muchas maneras como una especie de término en boga, que puede diluirse casi hasta la insignificancia. Con todas esas deficiencias plenamente reconocidas, sin embargo, se sigue defendiendo de manera impenitente la palabra "misión" (y sus

---

[3] Ibíd.; Michael W. Stroope, *Transcending Mission: The Eclipse of a Modern Tradition* (Downers Grove, IL: InterVarsity Press, 2017).

[4] Wright, "Mission", correo electrónico enviado a Mauricio Ortiz Ch., 10 y 20 de octubre de 2022.

[5] Sin embargo, es importante reconocer que la expansión misionera de la Iglesia cristiana desde los primeros siglos ha sido una mezcla compleja, como todo lo humano, del bien y del mal y mucho de ambos. La mejor, la más reciente y esclarecedora exposición de esta historia ambigua es la de John Dickson, *Bullies and Saints: An Honest Look at the Good and Evil of Christian History* (Grand Rapids, MI: Zondervan, 2021). Wright, "Mission", correo electrónico enviado a Mauricio Ortiz Ch., 10 y 20 de octubre de 2022.

derivados) siempre que se haga todo lo posible para explicar claramente lo que esta significa y lo que no significa.[6]

En el uso general, la palabra "misión" puede tener un sentido más amplio y más estrecho. Puede referirse a un objetivo general de algún proyecto o empresa. Por ello, muchas organizaciones cuentan con "declaraciones de misión" en las que expresan lo que consideran su razón de ser y su singular objetivo impulsor. Se observan incluso cadenas de restaurantes que publican sus "declaraciones de misión", cuando se podría pensar que la misión de un restaurante, dentro del gran alcance de los esfuerzos humanos, es muy evidente. Pero dentro de ese sentido más amplio, también puede haber muchas "misiones" más específicas, es decir, metas y acciones limitadas que contribuyen de alguna manera con el tiempo para lograr la misión integral.[7]

En la segunda guerra mundial, por ejemplo, los aliados tenían una misión global, su objetivo de guerra era la derrota de la Alemania nazi y la liberación de los pueblos que habían estado sujetos a su dominio. Pero dentro de esa misión general aliada, las fuerzas armadas, los servicios secretos, los agentes de espionaje y otros, emprendieron cientos de "misiones" en múltiples niveles, todas ellas alineadas y justificadas por la única misión integral: la victoria. La misión declarada del gobierno británico y sus aliados (derrotar al nazismo) requería la movilización y participación de su pueblo en múltiples misiones de diferente tipo.[8]

---

[6] Ibíd.
[7] Ibíd.
[8] Ibíd.

La Biblia, en esta analogía, es una declaración de la única misión integral de Dios: *librar a toda su creación del mal* y crear un pueblo para sí mismo redimido de cada tribu y nación de la humanidad. Y esta misión declarada del Dios que gobierna el universo exige la movilización y participación de su pueblo en múltiples culturas y épocas de la historia, en múltiples misiones de todo tipo. La misión y las misiones del pueblo de Dios fluyen y participan de la misión de Dios. El plan y el propósito de Dios son los que gobiernan, o deberían hacerlo. La Biblia, entonces, presenta a Dios con un propósito y a un pueblo con un propósito.[9] Y eso, en esencia, es lo que significa "misión" en este contexto. O para decirlo más claramente: a la luz de los propósitos de Dios, que se encuentran en las Escrituras, ¿cuál es la identidad y la misión de quienes participan en el establecimiento del Reino de Dios? ¿Quiénes son como pueblo de Dios y para qué están aquí? Tocante a esta pregunta, Gerardo A. Alfaro manifiesta:

> La misión de la Iglesia es el propósito o propósitos para los que el pueblo de Dios existe. Como tal, no es uno solo, la misión es abarcadora. Incluye entre otras cosas, evangelismo, discipulado, enseñanza de la Palabra, adoración, servicio, buenas obras, denunciar el mal donde sea que esté, tener presencia, intercesión, modelar los valores de Cristo, celebración, influir pacíficamente en el mundo, sufrir por vivir y modelar el bien, etcétera... No es parte de la misión de la Iglesia imponer a la fuerza o con violencia la voluntad de Dios, o hacer que el dominio terrenal y sociopolítico le pertenezca a Jesús.[10]

---

[9] Ibíd.

[10] Gerardo A. Alfaro, "Una definición de 'misión'", correo electrónico enviado a Mauricio Ortiz Ch., 3 de octubre de 2022. Gerardo A. Alfaro es el pastor de la Iglesia Nueva Esperanza, en Forth Worth, TX, profesor de Teología

Dentro del concepto "misión", Daniel S. Schipani entiende que Dios sigue interesado y comprometido con su creación, con la humanidad en particular, de modo que hablar de "misiones" es hablar de lo que Dios hace y desea seguir haciendo, invitando a los hombres a participar como socios menores del proyecto divino. ¿En qué consiste ese proyecto? En restaurar y reconciliar, y esto implica liberación, sanación, la construcción de su Reino, entendido como lo que ocurre cuando Dios reina. Resulta que hay paz, justicia, solidaridad, bienestar, equidad, trabajo, disfrute de la vida y también una *lucha contra el mal*, claro está. "Es una dimensión temporal, histórica y sociopolítica, en el sentido que se trata de cómo vivir socialmente como pueblo de Dios".[11] Schipani describe:

> La misión no es solamente una cuestión de proyecto y meta, también es de método, de acercamiento, de las maneras en las que participamos, y no debe haber contradicción entre la visión del Reino en el que Dios realmente impera, es decir, el señorío de Cristo y del Espíritu, del Dios Trino, y la manera en que, por ejemplo, testificamos, evangelizamos, tratamos a la gente y al mundo como tal, evangélicamente... Nuestro propio tratamiento, nuestra propia relación, ya es en sí misma parte de ese Reinado, que no es solamente una buena nueva, una buena noticia, sino también una nueva

---

en el *Dallas Theological Seminary* (DTS) y en el *Seminario Teológico Centroamericano* (SETECA).

[11] Daniel S. Schipani, entrevista personal, Guatemala, 19 de enero de 2023. Daniel S. Schipani es el autor o editor de veintisiete libros en las áreas de psicología, educación y teología práctica, conferencista y profesor en numerosas instituciones de América y Europa. Es profesor de Cuidado y Consejo Pastoral en el *Anabaptist Mennonite Biblical Seminary*, en Elkhart, IN.

realidad, por ejemplo, en el respeto y en el amor compasivo con el que comunicamos el mensaje.[12]

Sobre la amplitud del concepto "misión" David Suazo expresa: "A veces reducimos la misión de Dios a la redención: 'lo que Dios quiere hacer es redimir a la humanidad'... ¡Pues sí! Pero no solo eso... Hay muchísimo más... Y la redención misma es una redención cósmica, la obra de Cristo en la cruz alcanza no solo para salvar a los seres humanos, sino para salvar al universo entero, la reconciliación de todas las cosas. La Iglesia participa en una misión cósmica, va más allá".[13] Suazo amplía:

> La idea de "ser sal y luz" es una metáfora que Jesús utilizó y que ilustra parte de la misión, pero de una manera más concreta, porque la "luz" muestra el camino, alumbra, disipa la oscuridad, las tinieblas, y las pone en evidencia. En otros textos del NT, especialmente en Ef 5:8-13, la expresión "pero ahora sois luz en el Señor" es la misma metáfora de Jesús, somos hijos de luz, somos luz... Y como somos luz tenemos que denunciar las obras de las tinieblas. La misión no es solamente "alumbrar", la misión es *señalar las tinieblas, señalar el mal*, y ahí viene el tema de la función profética, la denuncia profética, de la que se ha hablado como parte de la misión y como parte de ser luz. Entonces, la misión no es solo alcanzar a los no alcanzados, es *señalar el mal*, donde esté. Y de eso no hablamos mucho realmente.[14]

---

[12] Ibíd.

[13] David Suazo, entrevista personal, Guatemala, 21 de octubre de 2022.

[14] Ibíd. En su reciente comentario sobre el sermón del monte, David Suazo señala que la misión de los discípulos es "ser sal y luz" con funciones de permear e influir. David Suazo, *La justicia del reino: un comentario al sermón del monte* (Guatemala: Instituto CRUX, 2020), 51, 52.

Wright conecta la misión de Dios con la misión de quienes participan en el establecimiento del Reino. La misión de Dios es la restauración de todas las cosas en la creación a una unidad con Cristo a través de su cruz y su resurrección (Ro 8; Ef 1:9-10; Col 1:15-20; Ap 21-22).[15] La misión del pueblo de Dios es la participación comprometida en esa misión de Dios por la invitación y mandato de Dios, e involucra todo lo que Dios exige ser y envía a hacer a la Iglesia, para lo cual la faculta en el mundo, dando testimonio de la centralidad del Evangelio del Reino de Dios en el señorío de Cristo crucificado y resucitado, toda la historia bíblica de lo que Dios ha hecho para salvar a la humanidad y reconciliar a la creación.[16] Entonces, "la misión no es solo uno de una lista de asuntos de los que la Biblia habla, solo un poco más urgente que algunos. La misión es, más bien, de lo que se trata toda la Biblia".[17] Suazo recalca un último punto relacionado con el concepto "misión" que no se debe descartar:

La misión también tiene que ver con la sociedad. ¿Hasta qué punto una persona haciendo su trabajo ordinario cumple la misión de Dios? No se acostumbra ver el trabajo cotidiano como parte de la misión de Dios. La tendencia es hacer la separación: "trabajo es trabajo, pero lo que se hace en la iglesia y en el ministerio, eso es

---

[15] Wright, "Mission", correo electrónico enviado a Mauricio Ortiz Ch., 10 y 20 de octubre de 2022. Sobre el concepto *missio Dei*, véase David J. Bosch, *Transforming Mission: Paradigm Shifts in Theology of Mission*, American Society of Missiology Series 16 (Maryknoll, NY: Orbis Books, 1991), 389-393; Israel Martín, "El rescate del concepto *missio Dei* en la misionología contemporánea", *Kairós* 57 (julio-diciembre de 2015): 71-92.

[16] Wright, "Mission", correo electrónico enviado a Mauricio Ortiz Ch., 10 y 20 de octubre de 2022.

[17] Wright, "La misión de Dios: Leyendo toda la Escritura misionológicamente", 54-55.

lo que vale, lo que se hace en el trabajo eso es 'secular', eso no cuenta"... Sin embargo, hay un llamado a ganarse el pan diario como parte de la misión de Dios, porque Dios incluye eso como parte de la misión.[18]

De esta reflexión de Suazo surgen más preguntas: ¿Se puede cumplir con la misión de Dios ejerciendo una profesión? Y si es así, ¿cómo cumplirla? ¿Es posible que siendo un médico haya una "manera cristiana" de practicar la medicina, o de practicar el derecho, o de hacer negocios? ¿De qué forma? ¿Qué hacer para cumplir así con la misión de Dios?[19] Y el concepto "misión" se conecta también con el siguiente tema relevante: "el Reino de Dios".

El concepto "Reino de Dios"

Teniendo una idea amplia del concepto "misión", conexo al concepto "Reino de Dios", corresponde formular la pregunta: ¿Cómo definir "Reino de Dios"? James A. Scherer enfatiza que el significado del Reino para la obediencia misionera de la Iglesia hoy, y el tema de los métodos, tácticas y recursos apropiados, deben ser estudiados cuidadosamente sobre la base del testimonio de la Escritura y en relación con los contextos y desafíos planteados por la situación del mundo. Esta sigue siendo una tarea misiológica crucial para hoy. La victoria final del Reino de Dios es escatológica y sigue siendo por ahora objeto de fe y de esperanza. Los cristianos se sienten alentados por las señales del Reino irrumpiendo en el presente,

---

[18] Suazo, entrevista personal, Guatemala, 21 de octubre de 2022.
[19] Ibíd.

y el Señor les manda que trabajen y oren por esa venida.[20] Daniel S. Schipani indica: "La Iglesia existe para ser y hacer misión, es decir, para participar en las manifestaciones del Reinado de Dios en medio de la historia, mediante presencia, palabra y acción. En su vida de misión, la Iglesia se involucra en la actividad liberadora y recreadora de Dios en el mundo".[21]

Nicholas Perrin observa que, cuando Jesús inició su ministerio, comenzó predicando el Reino (Mt 4:17). En sus palabras de despedida a sus discípulos como el Señor resucitado, volvió a hablar del Reino (Hch 1:6-8). Y entre estos eventos inaugurales y climáticos se observa una plétora de parábolas, dichos y dramas representados, todos explícita o implícitamente relacionados con el Reino. Esto muestra que el Reino de Dios no estaba simplemente en el centro de la agenda de Jesús; el Reino era su agenda.[22] Pero ¿en qué consiste el Reino de Dios? Una de las definiciones que Perrin presenta es: "El Reino de Dios, comprometido con la creación, enfocado universalmente y orientado escatológicamente, es una esfera trascendente de la realidad que conspira con una comunidad de portadores de la imagen humana en la tarea de restaurar la creación y la adoración al único y verdadero Dios creador".[23]

Según Perrin, la palabra clave aquí es "esfera". El Reino es una esfera trascendente poblada por seres angélicos y

---

[20] James A. Scherer, *Gospel, Church, & Kingdom: Comparative Studies in Word Mission Theology* (Eugene, OR: Wipf and Stock, 2004), 84.

[21] Daniel S. Schipani, "La iglesia y el ministerio educativo: El contexto eclesial como paradigma", *Kairós* 37 (julio-diciembre de 2005): 128.

[22] Nicholas Perrin, *The Kingdom of God: A Biblical Theology*, Bible Theology for Life (Grand Rapids, MI: Zondervan, 2019), 25.

[23] Ibíd., 52.

humanos que tiene que ver con la adoración.[24] Los seguidores de Jesús quieren un cambio real. Pero según Jesús, ese cambio no ocurre a través de compromisos personales, activismo social o programas de la iglesia local. El cambio real se produce a través de la venida del Reino, cuando la voluntad de Dios se hace en la tierra, como se hace en el cielo. Una clara visión bíblico-teológica del Reino es necesaria para conocer el rol personal dentro de ese Reino. Se necesita volver a la visión del Reino con las raíces bíblicas, pero que sea eminentemente práctica. Se require de una masa crítica de cristianos que no solo oren: "¡Venga tu Reino!", sino que también tengan una idea de lo que eso significa para que el Reino de los Cielos llegue a ser también el Reino en la tierra.[25]

¿En qué consiste el Reino de Dios? Suazo explica que Jesús es el Rey que vino cumpliendo las profecías. Él es el Redentor, pero también es Rey. Él dijo varias veces: "El Reino de Dios se ha acercado", "El Reino de Dios ha llegado", "El Reino de Dios está entre vosotros". Pero ¿qué significa esto? Marcos 1 presenta a Jesús predicando el Reino de los Cielos, las buenas nuevas del Reino, el arrepentimiento. Entonces, el "Reino" implica arrepentimiento y el "Reino" involucra buenas nuevas. ¿Por qué ha llegado el Reino de los Cielos? Porque el Rey llegó.[26]

Según Mt 12:22-28 cuando Jesús sanó al endemoniado ciego y mudo la gente asombrada decía: ¿"Será este el Hijo de David?". "Hijo de David" era un título mesiánico relacionado con el término "Rey". La gente preguntó esto por causa del

---

[24] Ibíd.

[25] Ibíd., 36.

[26] Suazo, entrevista personal, Guatemala, 21 de octubre de 2022.

milagro. Y los líderes religiosos respondieron: "¡No!, este echa fuera demonios por el poder de Beelzebúb, príncipe de los demonios". ¿Cómo respondió Jesús? Argumentó: "Si Satanás echa fuera a Satanás, no puede permanecer su reino". Este fue un argumento lógico que Jesús utilizó.[27]

Luego Jesús refutó: "Si yo echo fuera demonios por el poder de Beelzebúb, ¿por quién lo echan fuera sus hijos? ¿Le van a decir a sus hijos lo mismo?" Había otros que también lo hacían, no solo Jesús. Y les dijo: "Si yo echo fuera a los demonios por el poder del Espíritu de Dios, entonces, el Reino de los Cielos ha llegado". Ahí estaba la credencial de Jesús, su tarjeta de presentación. Entonces Jesús asoció el Reino de los Cielos con su persona, con el poder del Espíritu, por medio de los milagros que estaba haciendo.[28]

Suazo observa que en otras ocasiones Jesús habló de la predicación de las buenas nuevas a los pobres. Lucas 4:18, "el Espíritu del Señor está sobre mí y me ha enviado...", cita lo dicho sobre las buenas nuevas de salvación en el AT (Is 61:1-2). El Reino de los Cielos implica arrepentimiento. Jesús le dijo a Nicodemo en Jn 3:3: "el que no nace de nuevo no puede ver el Reino de Dios". Entonces, si hay un nuevo nacimiento, el Reino de los Cielos implica un nuevo nacimiento.[29]

El Reino de Dios no es solamente un aspecto "espiritual". ¿Entrar al Reino de los Cielos es lo mismo que entrar a la Iglesia? ¡No! La Iglesia o el pueblo de Dios no es el Reino, es un agente del Reino, un promotor del Reino. Jesús también

---

[27] Ibíd.
[28] Ibíd.
[29] Ibíd.

dijo: "Si vuestra justicia no es mayor que la de los escribas y fariseos, no entraréis en el Reino de los Cielos" (Mt 5:20). El Reino de los Cielos es justicia, y "justicia" es todo lo que Jesús desarrolló en el sermón del monte.[30]

Además, el Reino de los Cielos es "paz", es "santidad", es "resolución de conflictos", es "manejo honesto de cuentas". ¿Crece el Reino de los Cielos? Se dice que "crece la Iglesia", pero ¿es el crecimiento de la Iglesia lo mismo que el crecimiento del Reino de los Cielos? Cuando se dice "crece el Reino", ¿qué es lo que crece? ¿Crece la justicia? ¿Crece la santidad? ¿Crece la honestidad? ¿Crecen los valores del Reino? El Padre nuestro dice: "Padre nuestro... venga tu Reino...", pero no asociamos la frase "venga tu Reino" con la siguiente "hágase tu voluntad" (Mt 6:9-10). Entonces ¿qué significa "Reino"? Que se haga la voluntad del Padre. El que ora no solamente dice: "Ojalá que algún día venga el Reino de Dios"... ¡No! Hay que orar para que se haga realidad la obediencia a Dios, es decir, el ejercicio de la soberanía de Dios aquí en la tierra.[31]

Escatológicamente, al fin de cuentas, el Reino también es una cuestión política, y la mayoría de los intérpretes de nuestros círculos lo ubican en el final de los tiempos: "El Reino de Dios será cuando Cristo venga y establezca el milenio... Ese sí será el Reino... Mientras tanto, no lo hay, es algo difuso, se ven solo unas cuantas cosas vagamente, pero al final, entonces

---

[30] Ibíd.
[31] Ibíd.

sí vendrá el Reino..." Pero ¿qué significa el Reino presente? ¿Significa que hay un anticipo? [32]

Suazo cierra su exposición sobre el Reino con un texto que habla de la ciudadanía: "Porque nuestra ciudadanía está en los cielos..." (Fil 3:20). Esto se ha interpretado como: "Sí, para allá vamos, a nuestra patria celestial... Aquí solo somos peregrinos, vamos de paso". Pero el sentido no es ese, no se refiere al lugar a donde los creyentes se dirigen, sino al lugar de donde provienen y a quién representan. Es una ciudadanía que está en los cielos, de donde también esperamos al Señor Jesucristo. La ciudadanía del Reino es aquí, ahora, y los cristianos representan al Señor como sus embajadores aquí, ahora, ¡ya!... Entonces, existe la responsabilidad de *ser fieles a esa misión*, de hacer ver y hacer crecer el Reino.[33]

Bajo estas perspectivas, Schipani afirma que los conceptos "misión" y "Reino de Dios" no se pueden separar. La misión, reiterando, es obra de Dios e implica salvación o salud integral, en todo sentido, espiritual, material, social, cultural, económicamente, etcétera. La Iglesia está llamada a participar en las dimensiones de reconciliación.[34] Con base en 2 Co 5, Schipani explica:

Nos reconciliamos y se nos ha dado el ministerio de la reconciliación. Por tanto, el proyecto divino se torna también en nuestro proyecto, bajo la inspiración, la dirección, el apoyo y la corrección del paracleto Dios, Espíritu Santo, quien nos acompaña en el proceso. Utilizando la imagen del evangelio de Juan y también la

---

[32] Ibíd.
[33] Ibíd.
[34] Schipani, entrevista personal, Guatemala, 19 de enero de 2023.

enseñanza de Pablo, somos Templo del Espíritu, quien no solo va a nuestro lado, sino en nosotros, corporal y personalmente.[35]

Así que, efectivamente, la misión y el Reino de Dios son inseparables, y es un privilegio y responsabilidad participar en el establecimiento del Reino. "Los frutos no dependen de nosotros, lo que depende de nosotros es nuestra fe, no la fe de los demás". El crecimiento es trabajo de Dios, así que no hay que preocuparse por ello, sino por participar a la manera del sembrador de la parábola, que siembra sin preocuparse del lugar donde va a caer la semilla. Su responsabilidad es sembrar y esperar confiadamente el fruto de la siembra.[36]

El concepto "rescate"

Las valiosas reflexiones presentadas por los estudiosos citados en cuanto a los conceptos "misión" y "Reino de Dios", permiten concluir que ambos son demasiado amplios, abarcan muchos aspectos, tienen muchos componentes. Por esa razón, las preguntas que puedan surgir para tratar de definirlos, en palabras de Wright, "son muy difíciles de responder".[37]

Si se utiliza una metáfora utilizando el lenguaje espacial, tanto "misión" como "Reino de Dios" se pueden considerar como dos poliedros, cuerpos geométricos tridimensionales cuyas caras son planas y están delimitadas por al menos tres aristas. Y si alguien toma en sus manos el poliedro "misión"

---

[35] Ibíd.
[36] Ibíd.
[37] Wright, "Mission", correo electrónico enviado a Mauricio Ortiz Ch., 10 y 20 de octubre de 2022.

puede escoger una de esas caras y observarla con mayor detalle. En posición ortogonal a la vista del observador, el plano se observa en "primera magnitud", es decir, se aprecia en su tamaño real. Quizá un arquitecto podría explicar esto de mejor manera. Entonces, geométricamente, el poliedro "misión" presenta varias caras, y según lo expuesto, cada cara podría identificarse de diferente manera: salvación, liberación o redención, adoración, celebración, servicio, razón de ser o existir, meta, plan o propósito, hacer el bien o buenas obras, influencia, denuncia del mal, modelación de valores, ser sal y luz, alumbrar y disipar las tinieblas, entre otras.

De igual forma, si se toma el poliedro "Reino de Dios", se puede elegir una de sus caras y verla más detenidamente. Cada cara podría nombrarse de distinta forma: hacer la voluntad de Dios, soberanía de Dios, buenas nuevas, nuevo nacimiento, obediencia a Dios (que incluye la obediencia misionera), fidelidad a la misión, hacer misión, presencia y participación, acción, práctica, liberación, compromiso y restauración de la creación y de la adoración, arrepentimiento, cambio real, justicia, paz, santidad, honestidad, valores, responsabilidad, representar a Dios como embajadores, y más. La concepción de "misión" y de "Reino de Dios" se amplía, se ensancha, se extiende.

En este punto del estudio se intenta conectar e integrar los conceptos "oposición", "obstáculos", "desafíos", "ministerio" y "liderazgo", con los conceptos "misión" y "Reino de Dios", todos desarrollados en esta exposición. Y visualizando una de las caras identificada como "redención", "salvación" o "liberación", que al igual que otras, está en cada uno de los dos poliedros descritos, el último concepto a tratar se identifica como "rescate".

Para la comprensión del concepto "rescate" (פדה, λύτρον),[38] según el evangelista Marcos, se observa que la combinación de textos en Mr 1:2-3 unifica temas de redención y juicio con vistas a la reconstitución de la familia del Señor. Marcos atribuye la cita al profeta Isaías, cuyo contexto pudo reflejar una costumbre judía de atribuir una cita compuesta a un autor.[39] El contexto literario más amplio de Is 40:3 anuncia las buenas nuevas de salvación para el pueblo del Señor:

---

[38] Francis Brown, S. R. Driver y Charles A. Briggs, "פדה", *Hebrew and English Lexicon* (Peabody, MA: Hendrickson, 2008), 804. El sustantivo λύτρον significa "rescate". Implica el acto de "liberar", "redimir" o "desatar" a alguien o "ser comprado por un precio". Colin Brown, "λύτρον", *The New Dictionary of New Testament Theology*, ed. Colin Brown (Grand Rapids, MI: Zondervan, 1979), 3:189-200; Amador Ángel García Santos, *Diccionario del Griego Bíblico: Setenta y Nuevo Testamento*, Instrumentos para el estudio de la Biblia 21 (Estella: Verbo Divino, 2011), 532.

[39] Elizabeth E. Shively, *Apocalyptic Imagination in the Gospel of Mark: The Literary and Theological Role of Mark 3:22-30*, Beihefte zur Zeitschrift für die Neutestamentliche Wissenschaft und die Kunde der Älteren Kirche 189 (Berlin: De Gruyter, 2012), 47. Joel Marcus explica que en la expresión "en Isaías el profeta" (ἐν τῷ Ἡσαΐᾳ τῷ προφήτῃ) muchos manuscritos, incluyendo el Alejandrino, borraron las referencias a Isaías y colocaron "en los profetas", pero esto fue un intento por evadir la dificultad de que no todos los profetas citados en Mr 1:2 estaban tomados de Isaías. Solo aquí y en Ro 9:25 un autor del NT cita un pasaje del AT con la preposición ἐν ("en") y el nombre del autor. Dado que ἐν podía significar también "por medio de", es posible entender esta frase en un doble sentido: "Como está escrito en el libro de Isaías" o "Como ha sido escrito a través de la meditación de Isaías". En este segundo caso, el verdadero sentido de las palabras que siguen sería "del Señor". Este último matiz respondería bien al comienzo de la cita, y de ser este el caso, sería el Señor hablando en primera persona a través del profeta. Es probable que Éx 23:20, Mal 3:1 e Is 40:3 se hubieran vinculado oralmente usando el principio de la *gĕzērāh shāwāh* (analogía), quizá incluso en círculos asociados a Juan el Bautista. Los textos así vinculados se tradujeron eventualmente al griego, a partir de tradiciones textuales de LXX y de otras tradiciones, y en una forma de la tradición (documento Q) el texto Éx 23:20/Mal 3:1 se separó de Is 40:3. Joel Marcus, *El Evangelio según Marcos (Mc 1-8)* (Salamanca: Sígueme, 2010), 149, 152.

"Súbete a una montaña alta, tú que anuncias buenas noticias (ὁ εὐαγγελιζόμενος) a Sion; alza tu voz con fuerza, tú que anuncias buenas noticias a Jerusalén" (v. 9; cf. 52:7). Isaías hizo un llamado para preparar un camino para el Señor, el camino de salvación por el cual aparecería con poder (ἰδοὺ κύριος μετὰ ἰσχύος ἔρχεται, 40:10) para reunir al pueblo del Señor después de que fuera dispersado entre las naciones.[40]

Isaías 40-55 proporciona el contexto del anuncio de estas "buenas noticias". El profeta describió que el Señor entregaría a Israel al cautiverio en Babilonia para que fuera despojado sin que nadie lo pudiera rescatar (42:22) como resultado de su negativa a andar en sus caminos y oír su Ley (v. 24). Sin embargo, también Dios (θεός/κύριος) dijo que haría la guerra contra las naciones que oprimieran a su pueblo (41:2, 4-5, 11-16; 42:13-15; 48:14). Él vendría a luchar contra aquellos que batallaban contra Israel y también vendría a *rescatar* a los cautivos de los poderosos, porque Él es "el Salvador" y "el Redentor" de Israel, el "Poderoso de Jacob" (ἰσχύος Ἰακώβ, 49:24-26).[41]

Isaías comparó el rescate de Israel en Babilonia con el anterior rescate en Egipto, pero lo llamó una "cosa nueva" (Is 43:19) y una "salvación eterna" (45:17) que superaría al primer Éxodo (43:16-21; 45:17; 48:20-21; 51:9-11). El movimiento en los cc. 40-55 sería hacia Sion y hacia el Templo (44:28; 46:13). Isaías imaginó al Señor ejecutando un juicio contra Babilonia para redimir a Israel y traerlo a Jerusalén, donde el Señor sería entronizado como Rey en el Templo y reuniría una gran

---

[40] Shively, *Apocalyptic Imagination*, 44.
[41] Ibíd., 44-45.

comunidad de adoradores. Si Marcos contempla el Evangelio de Jesús el Mesías como el cumplimiento del evangelio de Isaías, entonces él identifica a Jesús como el Poderoso de Jacob (κύριος μετὰ ἰσχύος ἔρχεται, Is 40:10; ἰσχύος Ιακωβ, 49:26) que viene a hacerle la guerra al oponente del pueblo del Señor que lo tiene cautivo.[42] Elizabeth E. Shively concibe el uso de Isaías en Marcos así:

> El evangelista recontextualiza los temas del profeta usando tipos apocalípticos, creando nuevas vinculaciones para los símbolos de Israel y transmitiendo un nuevo significado para la esperanza de su pueblo. El prólogo establece que el oponente ya no es Babilonia, sino Satanás, y la batalla no es simplemente humana, sino cósmica. De hecho, el Señor está haciendo algo nuevo. Marcos contempla a Jesús como el cumplimiento de esa esperanza profética del AT y lo idealiza como el que reúne a los que *ha rescatado* del poder de Satanás en una comunidad de adoración alrededor del Templo.[43]

La adoración del Templo de Jerusalén se corrompe y sus dirigentes rechazan la autoridad de Jesús (Mr 11:15-19, 27-33). Marcos predice su destrucción y la formación de una nueva comunidad alrededor de Jesús que se convierte en la piedra

---

[42] Ibíd., 45, 47. "El punto central de la insistencia del Señor de que no hay nadie como Él es demostrar que Él es quien *rescata*. No se observa aquí un tratado filosófico sobre el monoteísmo y su trascendencia. Lo que se tiene es una proclamación evangelística. El Señor se muestra como el poderoso de Jacob, caracterizado como Salvador y Redentor. Como el único Señor, Él es el único Salvador (Is 43:11-12) y si se muestra primero como el Salvador de Israel, toda carne sabrá que Él es su Salvador. No hay ningún sentido para que Él restrinja su liberación solo a Israel (49:6; 66:18-21)". John N. Oswalt, *The Book of Isaiah Chapters 40-66*, The New International Commentary on the Old Testament, eds. R. K. Harrison y Robert L. Hubbard (Grand Rapids, MI: Eerdmans, 1998), 239, 315.

[43] Shively, *Apocalyptic Imagination*, 47-48.

angular (12:10-11; 14:58). El evangelista da un primer vistazo a este trabajo de disolución y reconstitución (3:20-35) revelando sus dimensiones cósmicas: que Jesús saquea la casa de Satanás para *rescatar* a los cautivos (v. 27) y comienza a establecer una nueva familia compuesta por quienes hacen la voluntad de Dios (v. 35).[44]

La intertextualidad de Marcos se entiende al observar cómo él entrelaza los textos para presentar los temas a lo largo de la narrativa de Jesús. Utilizando el AT, el evangelista los despierta en la mente del lector. La cita de Is 40:3 al inicio establece el tema del *rescate* para el pueblo de Dios y la progresión de la narración desarrolla la naturaleza de esa salvación. Marcos presenta a Jesús como el guerrero isaiánico que vence a Satanás, irónicamente, al final del evangelio, sometiéndose a la muerte en una cruz.[45]

La interpretación de las diversas citas y alusiones que Marcos utiliza para formar parte de un nuevo texto debe comenzar por la cita inicial (lo primero que el lector encuentra) y al introducirla resalta su importancia en el relato. Lo que debe interpretarse a la luz de Is 40:3 es: "El comienzo de la buena noticia sobre Jesús Mesías". Lo que se narra en ese comienzo debe ser interpretado como una acción del Señor, quien envía a "su mensajero", en continuidad con la historia de la salvación de la que hablan las Escrituras.[46]

---

[44] Ibíd., 48.

[45] Ibíd., 261-262. "La humanidad no puede salvarse a sí misma y no hay nadie más que lo pueda hacer, así que el Señor mismo es quien decide venir (Is 59:15-20)". Oswalt, *The Book of Isaiah Chapters 40-66*, 52.

[46] Santiago Guijarro Oporto, "'Como está escrito'. Las citas de la escritura en los comienzos de los evangelios", *Salmanticensis* 61 (2014): 103-104.

Pero ¿cómo concreta el evangelista la combinación de textos de Mr 1:2-3 con la misión de Jesús? En el relato del exorcismo en la sinagoga (vv. 21-28) se destaca que los espíritus inmundos conocen el propósito de la misión de Jesús, quien ha llegado para destruirlos (v. 24). La forma en que la controversia sobre Beelzebúb involucra a los familiares de Jesús (3:21, 31-35) muestra el paralelo entre las reacciones de la familia de Jesús y las de los escribas (vv. 22, 30). Ambos grupos se oponen a Jesús. El rol de oposición a Jesús se manifiesta también entre sus seguidores más cercanos (8:31-33). Por tanto, Jesús afrontó la oposición que surge en la lucha espiritual: el intento de *evitar que cumpliera con su misión.* Y ¿cuál era específicamente la misión de Jesús? Más adelante en la narrativa de Marcos Jesús lo expresa claramente: "dar su vida en *rescate* por muchos" (10:45b).

Jesús, el Hijo de Dios, está *rescatando* a la humanidad del mal en todas sus manifestaciones, y por extensión, al cosmos. El evangelio de Marcos ilustra los comienzos de ese proceso en la misión terrenal de Jesús y sugiere que sus efectos están en curso y se completarán en la conclusión del despliegue escatológico.[47] Ahora, quien participa en el establecimiento del Reino de Dios, es el delegado a continuar con esa *misión de rescate.* Este es un componente de la misión de Jesús, no se puede perder de vista esa cara de los dos poliedros: la misión y el Reino de Dios.

---

[47] Eliza Margaret Rosenberg, *The Representation and Role of Demon Possession in Mark* (Ottawa: Heritage Branch, 2007), 97.

Conclusiones finales

Considerando lo expuesto en este libro se plantean algunas preguntas finales de reflexión para el lector: ¿Por qué es significativo reconocer los tipos de oposición y obstáculos (impedimentos y dificultades) que surgen en el cumplimiento de la misión delegada por Dios? ¿Es importante identificarlos y determinar cómo afrontarlos con la intención de vencerlos? ¿Representa esto un desafío para el ministro de hoy? ¿Es relevante entender, conectar e integrar los conceptos "oposición", "obstáculos", "desafíos", "ministerio" y "liderazgo", con los conceptos "misión", "Reino de Dios" y "rescate"?

Dando respuesta a la pregunta que ha dirigido el curso de la presente investigación: "En el ministerio y el liderazgo de quienes son llamados a cumplir con la misión delegada por Dios, como participantes en el establecimiento del Reino, ¿cuáles son las formas de afrontar la oposición, los obstáculos y los desafíos que surgen en las relaciones interpersonales, en la gestión financiera y en la lucha interna o espiritual?", se expone lo siguiente.

En el cumplimiento de su misión, Moisés, Jesús y Pablo afrontaron la oposición que surge en las relaciones interpersonales. Moisés la venció con la convicción de que tenía el respaldo de Dios, advirtiendo a sus oponentes sobre las implicaciones de la rebelión e intercediendo por ellos. Jesús no trató de vencer la oposición humana y permitió que persistiera. Aunque Pablo advirtió a los cristianos de Corinto sobre sus oponentes, hizo mención de sus visiones y revelaciones, contrastó la jactancia de sus rivales y legitimó su apostolado utilizando la ironía, no se encuentra evidencia de que los venció ni de que superó su preocupación por estos y otros problemas todavía presentes al final de 2 Corintios.

Cualquier resistencia o estorbo a la misión de un ministro puede proceder también de sus seguidores y familiares, y aunque surja de sus asociados más íntimos, es la forma humana de hostilidad que proviene de Satanás. En general, se observa en los relatos bíblicos la oposición al liderazgo establecido por Dios, que es inevitable dadas las diferencias que provocan desacuerdos y conflictos, pero con propósitos redentores.

Por otro lado, en el cumplimiento de su misión, Moisés, Jesús y Pablo afrontaron los desafíos y los obstáculos que surgen en la gestión financiera. Moisés los superó con la confianza en las promesas de Yahvé y administrando la provisión del maná. Jesús los superó con la confianza en la provisión sobrenatural del Padre y la asistencia de algunas mujeres que le servían. En lo personal, Pablo los superó con su trabajo y la ayuda de los hermanos de Macedonia. Ministerialmente, los superó enlazando la gracia de Cristo con la gracia de dar, la generosidad, el enfoque y la diligencia en la administración de la colecta para suplir la necesidad económica de los cristianos de Jerusalén.

Tocante a las dificultades financieras se observa que, en medio de las necesidades básicas de la vida, la abundancia de Dios es suficiente para que sus ministros y su pueblo tengan lo primordial. La promesa de provisión de Dios está vinculada a la misión a la que Él envía.

Además, en el cumplimiento de su misión, Moisés, Jesús y Pablo afrontaron la oposición que surge en la lucha interna o espiritual. Moisés no logró superar el impedimento personal que le afectaba en el cumplimiento de su misión, pero a pesar de su limitación, no se cancelaron los propósitos de Dios para el pueblo de Israel. Jesús venció la oposición que surge en la lucha espiritual con Satanás y los demonios con la convicción de su identidad y de cuál era su misión, y con la autoridad y el poder de Dios para cumplirla. Dentro de los propósitos de Dios, Pablo afrontó la oposición que surge en la lucha espiritual con un emisario de Satanás, situación que tuvo que aceptar, pues no logró vencerlo de manera definitiva. Había un propósito de Dios acorde a la cristología de la debilidad.

Se podría interpretar metafóricamente la referencia a las descripciones "una espina en la carne" y "un mensajero de Satanás", como una enfermedad o algún tipo de impedimento causado por un espíritu maligno (bajo el control de Dios) que de algún modo afectaba a Pablo física y anímicamente, o que trataba de obstruir que recibiera las revelaciones divinas, lo cual repercutía en su desempeño ministerial.

Por tanto, la estrategia básica para afrontar y vencer la oposición que surge en la lucha espiritual con Satanás y los demonios es discernir que el rol de los espíritus malignos es oponerse a la misión de Dios e impedir que se cumpla.

Respecto a la idea de vencer definitivamente la oposición en el cumplimiento de la misión personal alineada con la misión de Dios, se debe hacer conciencia que la victoria ganada a Satanás por Jesús en un inicio del desempeño de su misión terrenal, anunciaba otras victorias que continuamente hacen que resurjan oposiciones de todo tipo para postergar el *rescate* y la reconciliación final del mundo y proyectarla en una dimensión futura de expectación.

Durante el proceso del establecimiento del Reino de Dios, la oposición persiste, nunca desaparece por completo, se reagrupa en nuevos frentes, retrocede de acuerdo con una estrategia de defensa móvil, adoptando nuevos patrones tantas veces como sean necesarios para resistirla mientras persista, con el fin de estimular la esperanza de la eliminación total del mal. Esta es la relevancia de entender, conectar e integrar los conceptos "oposición", "obstáculos", "desafíos", "ministerio" y "liderazgo", con los conceptos "misión", "Reino de Dios" y "rescate", contenidos en las páginas de este libro.

Es importante identificar los diferentes tipos de oposición y obstáculos que surgen en el cumplimiento de la misión delegada por Dios para poder afrontarlos, y si es posible, vencerlos. Esto representa un gran desafío para el ministro de hoy como participante en el establecimiento del Reino de Dios.

BIBLIOGRAFÍA

Ahearne-Kroll, Stephen P. "'Who Are My Mother and My Brothers?' Family Relations and Family Language in the Gospel of Mark". *Journal of Religion* 81, no. 1 (2001): 1-25.

Akin, Daniel L. "Triumphalism, Suffering, and Spiritual Maturity: An Exposition of 2 Corinthians 12:1-10 in its Literary, Theological, and Historical Context". *Criswell Theological Review* 4, no. 1 (1989): 119-144.

Aldana, Darío. Entrevista personal. Guatemala, 26 de octubre de 2022.

Alexe, C. Adelina. "Irony and Spirituality in Matthew 8:23-9:1: A Narrative Analysis". *Word & World* 35, no. 3 (2015): 276-284.

Alfaro, Gerardo A. "Jesús y el abandono de Dios en Marcos 1-8". *Kairós* 58 (2016): 107-133.

_____. "Una definición de 'misión'". Correo electrónico enviado a Mauricio Ortiz Ch., 3 de octubre de 2022.

Álvarez Cineira, David. "Los adversarios paulinos en 2 Corintios". *Estudio Agustiniano* 37, no. 2 (2002): 249-274.

Andemicael, Awet Iassu. "Grace, Equity, Participation: The Economy of God in 2 Corinthians 8:8-15". *Anglican Theological Review* 98, no. 4 (2016): 621-638.

Anderson, Aaron D. *Engaging Resistance: How Ordinary People Successfully Champion Change.* Stanford, CA: Stanford Business Books, 2011.

Arndt, William F. y F. Wilbur Gingrich. *A Greek-English Lexicon of the New Testament and Other Early Christian Literature.* 2a. ed. Chicago IL: University of Chicago Press, 1979.

Barbaglio, Giuseppe. *Pablo de Tarso y los orígenes cristianos*. 2a. ed. Biblioteca de Estudios Bíblicos 65. Traducido por Alfonso Ortiz García. Salamanca: Ediciones Sígueme, 1992.

Barnett, Paul W. *The Second Epistle to the Corinthians*. The New International Commentary on the New Testament. Grand Rapids, MI: Eerdmans, 1997.

Barrett, Charles K. "Paul's Opponents in II Corinthians". *New Testament Studies* 17, no. 3 (1971): 233-254.

Barth, Karl. *The Doctrine of Creation*. Volumen 3 de *Church Dogmatics*. Editado por G. W. Bromiley y T. F. Torrance. Edinburgh: T&T Clark, 1976.

Beeke, Joel R. y Nicholas J. Thompson. *Pastors and their Critics: A Guide to Coping with Criticism in the Ministry*. Phillisburg, NJ: P&R Publishing, 2020.

Beker, Johan Christiaan. *Paul the Apostle: The Triumph of God in Life and Thought*. Philadelphia, PA: Fortress, 1980.

Blanton IV, Thomas R. "Spirit and Covenant Renewal: A Theologoumenon of Paul's Opponents in 2 Corinthians". *Journal of Biblical Literature* 129, no. 1 (2010): 129-151.

Bojanić, Petar. "La violencia divina en Benjamín y el caso de Korah: La rebelión contra Moisés como primera escena del mesianismo (Números 16)". *Acta Poética* 31, no. 1 (2010): 135-161.

Bosch, David J. *Transforming Mission: Paradigm Shifts in Theology of Mission*. American Society of Missiology Series 16. Maryknoll, NY: Orbis Books, 1991.

Brown, Colin, ed. *The New International Dictionary of New Testament Theology*. 3 volúmenes. Grand Rapids, MI: Zondervan, 1975, 1977, 1979.

Brown, Derek R. "The God of This Age: Satan in the Churches and Letters of the Apostle Paul". Tesis de Ph.D., University of Edinburgh, 2011.

Brown, Francis, S. R. Driver y Charles A. Briggs. *Hebrew and English Lexicon*. Peabody, MA: Hendrickson, 2008.

Burdon, Christopher. "'To the Other Side': Construction of Evil and Fear of Liberation in Mark 5.1-20". *Journal for the Study of the New Testament* 27, no. 2 (2004): 149-167.

Calderón, Carlos. "¿Qué significa 'justicia' en Mateo 5:6?" *Kairós* 37 (julio-diciembre de 2005): 81-95.

Calpino, Teresa. "The Gerasene Demoniac (Mark 5:1-20): The pre-Markan Function of the Pericope". *Biblical Research* 53 (2008): 15-23.

Capps, Donald. "Forty Years with Moses". *Pastoral Psychol* 58 (2009): 451-462.

_____. "Resistance in the Local Church: A Psychoanalytic Perspective". *Pastoral Psychol* 64, no. 5 (2015): 581-601.

Carson, D. A. *From Triumphalism to Maturity: An Exposition of 2 Corinthians 10-13*. Grand Rapids, MI: Baker, 1988.

Carter, Nick. "Adaptive Leadership: Planning in a Time of Transition". *Theological Education* 46, no. 2 (2011): 7-13.

Carter, Warren. "Cross-Gendered Romans and Mark's Jesus: Legion Enters the Pigs (Mark 5:1-20)". *Journal of Biblical Literature* 134, no. 1 (2015): 139-155.

Cerni, Ricardo. *Antiguo Testamento interlineal hebreo-español*. 4 volúmenes. Barcelona: CLIE, 1990.

Coats, George W. *Rebellion in the Wilderness: The Murmuring Motif in the Wilderness Traditions of the Old Testament.* Nashville, TN: Abingdon Press, 1968.

Craghan, John F. "The Gerasene Demoniac". *Catholic Biblical Quarterly* 30, no. 4 (1968): 522-536.

Crockett, Kent y Mike Johnston. *Pastor Abusers: When Sheep Attack Their Shepherd.* Prattville, AL: Kent Crockett, 2012.

Danker, Frederick William. *A Greek-English Lexicon of the New Testament.* Chicago, IL: The University of Chicago Press, 2009, versión BibleWorks 10.

Danove, Paul. "The Characterization and Narrative Function of the Women at the Tomb (Mark 15,40-41.47; 16,1-8)". *Biblica* 77, no. 3 (1996): 374-397.

De Guglielmo, Antonine. "What was the Manna?". *Catholic Biblical Quarterly* 2, no. 2 (1940): 112-129.

Del Camino, Santiago. Conversación por WhatsApp, 28 de octubre de 2022.

De Mingo, Alberto. "¿Cómo Jesús afrontó las dificultades financieras?". Correo electrónico enviado a Mauricio Ortiz Ch., 13 de diciembre de 2021.

De Paula Lico Júnior, Roberto. *Dictionary of Financial and Business Terms.* São Paulo: Lico Reis - Consultoria & Línguas, 2000.

Dickson, John. *Bullies and Saints: An Honest Look at the Good and Evil of Christian History.* Grand Rapids, MI: Zondervan, 2021.

Donahue, Bill. "Good books on change". Correo electrónico enviado a Mauricio Ortiz Ch., 20 de enero de 2020.

Douglas, Mary. *Purity and Danger: An Analysis of Concept of Pollution and Taboo*. London: Routledge, 2002.

Duguid, Iain M. *Numbers: God's Presence in the Wilderness*. Preaching the Word. Editado por R. Kent Hughes. Wheaton, IL: Crossway, 2006.

Dyer, Charles H. "The Purpose for the Gospel of Mark". Páginas 49-62 en *Essays in Honor of J. Dwight Pentecost*. Editado por Stanley D. Toussaint y Charles H. Dyer. Chicago, IL: Moody Press, 1986.

Edersheim, Alfred. *Comentario Bíblico Histórico*. Barcelona: CLIE, 2009.

Edwards, James R. "Markan Sandwiches: The Significance of Interpolations in Markan Narratives". *Novum Testamentum* 31, no. 3 (1989): 193-216.

Ehrensperger, Kathy. *Paul and the Dynamics of Power: Communication and Interaction in the Early Christ Movement*. New York, NY: T&T Clark International, 2007.

Ehrman, Bart D. *Peter, Paul, and Mary Magdalene: The Followers of Jesus in History and Legend*. New York, NY: Oxford University Press, 2006.

Ephraim the Syrian. "Homily on the Sinful Woman". 2022. https://www.newadvent.org/fathers/3708.htm (31 de mayo de 2022).

Estrada, Juan Antonio. "Las relaciones Jesús-pueblo-discípulos en el evangelio de Marcos". *Estudios Eclesiásticos* 54, no. 209 (1979): 151-170.

Evans, James W. "Interpretation of 2 Corinthians". *Southwestern Journal of Theology* 32, no. 1 (1989): 22-32.

Feliks, Yehuda. *Nature and Man in the Bible: Chapters in Biblical Ecology*. London: Soncino Press, 1981.

Ferris Jr., Paul Wayne. "The Manna Narrative of Exodus 16:1-10". *Journal of the Evangelical Theological Society* 18, no. 3 (1975): 191-199.

Flavio Josefo. *Antigüedades Judías: Libros I-XI*. Akal/Clásica. Editado por José Vara Donado. Madrid: Akal, 1997.

Forbes, Christopher. "Comparison, Self-Praise and Irony: Paul's Boasting and the Conventions of Hellenistic Rhetoric". *New Testament Studies* 32 (1986): 1-30.

Forsyth, Neil. *The Old Enemy: Satan and The Combat Myth*. Princeton, NJ: Princeton University Press, 1989.

France, Richard Thomas. "The Beginning of Mark". *The Reformed Theological Review* 49, no. 1 (1990): 11-19.

Friberg, Timothy, Barbara Friberg y Neva F. Miller. *Analytical Greek Lexicon*. Bloomington, IN: Trafford, 2006, versión BibleWorks 10.

Frimpong, Emmanuel Kwabena. "Mark and Spirit Possession in an African Context". Tesis de Ph.D., University of Glasgow, 2006.

Fritschel, Ann. "Exodus 16 as an Alternative Social Paradigm". *Currents in Theology and Mission* 41, no. 1 (2014): 35-38.

Fuentes, Mynor. Entrevista personal. Guatemala, 21 de abril de 2022.

Furnish, Victor Paul. *II Corinthians: Translated with Introduction, Notes, and Commentary*. The Anchor Bible. New York, NY: Doubleday, 1984.

Gálvez, Rigoberto. "Consulta de hermenéutica y contextualización". Correo electrónico enviado a Mauricio Ortiz Ch., 17 de agosto de 2017.

García Santos, Amador Ángel. *Diccionario del Griego Bíblico: Setenta y Nuevo Testamento*. Instrumentos para el estudio de la Biblia 21. Estella: Verbo Divino, 2011.

Garland, David E. *2 Corinthians: An Exegetical and Theological Exposition of Holy Scripture*. The New American Commentary 29. Nashville, TN: B&H, 1999.

_____. "Paul's Apostolic Authority: The Power of Christ Sustaining Weakness (2 Corinthians 10-13)". *Review and Expositor* 86, no. 3 (1989): 371-389.

Georgi, Dieter. *The Opponents of Paul in Second Corinthians*. Philadelphia, PA: Fortress, 1986.

Glancy, Jennifer A. "Boasting of Beatings (2 Corinthians 11:23-25)". *Journal of Biblical Literature* 123, no. 1 (2004): 99-135.

Gómez, Víctor A. Entrevista personal. Asunción, 7 de junio de 2022.

Gooder, Paula R. *Only the Third Heaven? 2 Corinthians 12.1-10 and Heavenly Ascent*. The Library of New Testament Studies 313. Editado por Mark Goodacre. London: T&T Clark, 2006.

Graybill, Rhiannon. "Masculinity, Materiality, and the Body of Moses". *Biblical Interpretation* 23, no. 4-5 (2015): 518-540.

Greenfield, Guy. *The Wounded Minister: Healing from and Preventing Personal Attacks*. Grand Rapids, MI: Baker, 2001.

Guijarro Oporto, Santiago. "'Como está escrito'. Las citas de la escritura en los comienzos de los evangelios". *Salmanticensis* 61 (2014): 91-115.

_____. "¿Cómo Jesús afrontó las dificultades financieras?". Correo electrónico enviado a Mauricio Ortiz Ch., 13 de diciembre de 2021.

_____. "El relato pre-marcano de la pasión como fuente para el estudio de la generación apostólica". *Analli di Storia dell'Esegesi* 22, no. 2 (2005): 305-335.

Hafemann, Scott J. *2 Corintios: Comentario bíblico con aplicación Nueva Versión Internacional*. Miami, FL: Vida, 2016.

Harrington, Daniel J. "Surprising Teachings About Money". *América* 195, no. 10 (2006): 38.

Harris, Murray J. *The Second Epistle to the Corinthians: A Commentary on the Greek Text*. The New International Greek Testament Commentary Series. Editado por I. Howard Marshall y Donald A. Hagner. Grand Rapids, MI: Eerdmans, 2005.

Hays, Richard B. *Echoes of Scripture in the Letters of Paul*. New Haven, CT: Yale University Press, 1989.

Hedrick, Charles W. "Miracles in Mark: A Study in Markan Theology and Its Implications for Modern Religious Thought". *Perspectives in Religious* Studies 34, no. 3 (2007): 297-313.

Heidenreich, Walter. Entrevista personal. Guatemala, 22 de agosto de 2017.

Heil, John Paul. "Jesus with the Wild Animals in Mark 1:13". *Catholic Biblical Quarterly* 68, no. 1 (2006): 63-78.

Heisser, Michael S. *The Unseen Realm: Recovering the Supernatural Worldview of the Bible*. Bellingham, WA: Lexham Press, 2015.

Henriques, Anita, Nelson Morales y Daniel S. Steffen. *Introducción al griego bíblico*. Miami, FL: Vida, 2015.

Hernández Osses, Héctor I. y Carmen Gloria Ardura Vallejos. *El Nuevo Testamento Interlineal Griego-Español Teológico y Exegético*. Miami, FL: Patmos, 2018.

Herrera, Sharon. Entrevista personal. Google Meet. 23 de junio de 2022.

Hertig, Paul. "The Powerful and Vulnerable Intercultural Encounters of Jesus". *Mission Studies* 32, no. 2 (2015): 292-314.

Hinkelammert, Franz J. y Henry Mora Jiménez. "Por una economía orientada hacia la reproducción de la vida". *Íconos Revista de Ciencias Sociales* 33 (2009): 39-49.

Hodge, Charles. *An Exposition of II Corinthians*. The Ages Digital Library Commentary. Albany, OR: Books for The Ages, 1997, software version 2.0.

Holladay, Carl R. "Paul's Opponents in Philippians 3". *Restoration Quarterly* 12, no. 2-3 (1969): 77-90.

Holladay, William Lee. *A Concise Hebrew and Aramaic Lexicon of the Old Testament* Leiden: E. J. Brill, 1988, versión BibleWorks 10.

Huizing, Russell L. "Leaders from Disciples: The Church's Contribution to Leadership Development". *Evangelical Review of Theology* 35, no. 4 (2011): 333-344.

Hymes, David C. "Heroic Leadership in the Wildernes". *Asian Journal of Pentecostal Studies* 9, no. 2 (2006): 295-318.

Ibáñez, Javier. Entrevista personal. Zoom. 30 de junio de 2022.

Jasper, David. "The Gaps in the Story: The Implied Reader in Mark 5:1-20". *Svensk Exegetisk Årsbok* 64 (1999): 79-88.

Jones, Jeremiah, ed. *The Acts of Paul and Thecla*. Kerry: CrossReach, 2019.

Jones, L. Gregory. "Boldly Humble". *The Christian Century* 126, no. 21 (2009): 59.

Joüon, Paul y Takamitsu Muraoka. *A Grammar of Biblical Hebrew*. Subsidia Biblica 27. Rome: Gregorian & Biblical Press, 2011.

Judge, Rebecca P. y Charles C. Taliaferro. "Companionable Bread". *Word & World* 33, no. 4 (2013): 367-372.

Kee, Doyle. "Who Were the 'Super-Apostles' of 2 Corinthians 10-13?". *Restoration Quarterly* 23, no. 2 (1980): 65-76.

Keener, Craig. S. *Comentario del contexto cultural de la Biblia: Nuevo Testamento*. El Paso, TX: Mundo Hispano, 2003.

_____. "Crooked Spirits and Spiritual Identity Theft: A Keener Response to Crooks?". *Journal of Mind and Behavior* 39, no. 4 (2018): 345-372.

_____. "El Evangelio de Mateo". Módulo de maestría, Seminario Teológico Centroamericano, Guatemala, 1 al 12 de julio de 2019.

_____. *Hermenéutica del Espíritu: Leyendo las Escrituras a la luz de Pentecostés*. Salem, OR: Kerigma, 2017.

_____. *Miracles: The Credibility of the New Testament Accounts*. 2 volúmenes. Grand Rapids, MI: Baker, 2011.

_____. "Spirit Possession as a Cross-cultural Experience". *Bulletin for Biblical Research* 20, no. 2 (2010): 215-235.

_____. "When Jesus Wanted All My Money and Everything Else. How I Learned He's an All-or-nothing Lord". *Christianity Today* 59, no. 4 (2015): 46-50.

Kingsbury, Jack Dean. "On Following Jesus: The 'Eager' Scribe and the 'Reluctant' Disciple (Matthew 8.18-22)". *New Testament Studies* 34, no. 1 (1988): 45-59.

Kislev, Itamar. "What Happened to the Sons of Korah? The Ongoing Debate Regarding the Status of the Korahites". *Journal of Biblical Literature* 138, no. 3 (2019): 497-511.

Kistemaker, Simon J. *Comentario al Nuevo Testamento: 2 Corintios*. Grand Rapids, MI: Libros Desafío, 2004.

Koontz, Adam. "Apostolic Suffering in 2 Corinthians". *Logia* 24, no. 1 (2015): 39-42.

Kotter, John P. *A Sense of Urgency*. Boston, MA: Harvard Business Press, 2008.

_____. *Leading Change*. Boston, MA: Harvard Business School Press, 1996.

Kowalski, Marcin. *Transforming Boasting of Self into Boasting in the Lord: The Development of the Pauline 'Periautologia' in 2 Cor 10-13*. Toronto: University Press of America, 2013.

Krašovec, Jože. "Is There A Doctrine of 'Collective Retribution' in The Hebrew Bible?". *Hebrew Union College Annual* 65 (1994): 35-89.

Kruse, Colin G. *2 Corinthians: An Introduction and Commentary*, Tyndale New Testament Commentaries 8. Editado por Eckhard J. Schnabel y Nicholas Perrin. Nottingham: InterVarsity Press, 2015.

Ladd, George Eldon. *El Evangelio del Reino: Estudios bíblicos del Reino de Dios*. Traducido por George A. Lockward S. Miami, FL: Vida, 1986.

_____. *Teología del Nuevo Testamento*. Barcelona: CLIE, 2002.

LaGrand, James. "The First of the Miracle Stories According to Mark (1:21-28)". *Currents in Theology and Mission* 20, no. 6 (1993): 479-484.

Landau, Eprahim. "Meat/Bread as a Parallel Word-Pair in Biblical Poetry: A Key to Understanding Exodus 16:1-15". *Jewish Bible Quarterly* 47, no. 1 (2019): 3-20.

Larson, Jennifer. "Paul's Masculinity". *Journal of Biblical Literature* 123, no. 1 (2004): 85-97.

Lea, Thomas D. "Unscrambling the Judaizers: Who Were Paul's Opponents?". *Southwestern Journal of Theology* 37, no. 1 (1994): 23-29.

Lee, Dorothy A. "'Signs and Works': The Miracles in the Gospels of Mark and John". *Colloquium* 47, no. 1 (2015): 89-101.

Leveen, Adriane B. "Variations on a Theme: Differing Conceptions of Memory in the Book of Numbers". *Journal for the Study of the Old Testament* 27, no. 2 (2002): 201-221.

Levine, Baruch A. *Numbers 1-20: A New Translation with Introduction and Commentary*. The Anchor Bible 4. New York, NY: Doubleday, 1993.

Loubser, Johannes A. "Exegesis and Proclamation: Winning the Struggle (Or: How to Treat Heretics) (2 Corinthians 12:1-10)". *Journal of Theology for Southern Africa* 75 (1991): 75-83.

Luedemann, Gerd. *Opposition to Paul in Jewish Christianity.* Traducido por M. Eugene Boring. Minneapolis, MN: Fortress, 1989.

MacDonald, Nathan. *What Did the Ancient Israelites Eat?: Diet in Biblical Times.* Grand Rapids, MI: Eerdmans, 2008.

Maggi, Alberto. *Jesús y Belcebú: Satán y demonios en el Evangelio de Marcos.* Bilbao: Desclée de Brouwer, 2000.

Magonet, Jonathan. "The Korah Rebellion". *Journal for the Study of the Old Testament* 7, no. 24 (1982): 3-25.

Malaquías Jr., Moacyr. "O direito da igreja de possuir bens materiais". *El Ágora Universidad San Buenaventura* 6, no. 1 (2006): 127-138.

Malherbe, Abraham J. *Paul and the Popular Philosophers.* Minneapolis, MN: Fortress, 2006.

Malina, Bruce J. *El mundo del Nuevo Testamento: Perspectivas desde la antropología cultural.* Estella: Verbo Divino, 1995.

Malina, Bruce J. y Richard L. Rohrbaugh. *Los evangelios sinópticos y la cultura mediterránea del siglo I: Comentario desde las ciencias sociales.* Estella: Verbo Divino, 2010.

Mann, Thomas Wingate. "Not by Word Alone: Food in the Hebrew Bible". *Interpretation* 67, no. 4 (2013): 351-362.

Marcus, Joel. *El Evangelio según Marcos (Mc 1-8).* Salamanca: Sígueme, 2010.

Marshall, Peter. *Enmity in Corinth: Social Conventions in Paul's Relations with the Corinthians.* Wissenschaftliche Untersuchungen zum Neuen Testament 23. Tübingen: Mohr Siebeck, 1987.

Martin, Dale Basil. "When Did Angels Become Demons?". *Journal of Biblical Literature* 129, no. 4 (2010): 657-677.

Martín, Israel. "El rescate del concepto *missio Dei* en la misionología contemporánea". *Kairós* 57 (julio-diciembre de 2015): 71-92.

Martin, Ralph P. *2 Corinthians*. Word Biblical Commentary 40. Grand Rapids, MI: Zondervan, 2014.

Maslow, Abraham. H. *A Theory of Human Motivation*. Mexico, MO: Midwest Journal Press, 2016.

Matera, Frank J. *II Corinthians: A Commentary*. Louisville, KY: Westminster John Knox Press, 2003.

_____. "The Prologue as the Interpretative Key to Mark's Gospel". *Journal for the Study of the New Testament* 11, no. 34 (1988): 3-20.

McGlone, Mary M. "The core question". *National Catholic Reporter* 54, no. 7 (12 de enero de 2018): 17.

McGrath, James F. *What Jesus Learned from Women*. Eugene, OR: Cascade Books, 2021.

Melick Jr., Richard R. "The Collection for the Saints: 2 Corinthians 8-9". *Criswell Theological Review* 4 (1989): 97-117.

Metzger, Bruce M. *Un comentario textual al Nuevo Testamento griego*. Stuttgart: Sociedad Bíblica Alemana, 2006.

Michelin Salomon, Álvaro. "Service, Stewardship, and Christian Communities in 2 Corinthians 8-9". *Journal of Latin American Theology* 13, no. 2 (2018): 51-65.

Milgrom, Jacob. *The Jewish Publication Society Torah Commentary: Numbers*. The Jewish Publication Society Torah

Commentary Series. Lincoln, NE: University of Nebraska Press, 2003.

Miner, Maureen, Martin Dowson y Kim Malone. "Spiritual Satisfaction of Basic Psychological Needs and Psychological Health". *Journal of Psychology & Theology* 41, no. 4 (2013): 298-314.

Montes Peral, Luis Ángel. "El comportamiento de las mujeres discípulas en la pasión de Marcos". *Estudios Eclesiásticos* 88, no. 344 (2013): 3-44.

Montserrat, Josep. "Evangelio de Mateo". Páginas 606-719 en *Los libros del Nuevo Testamento: Traducción y comentario*. 2a. ed. Editado por Antonio Piñero. Madrid: Trotta, 2022.

Morales, Nelson. Entrevista personal. Guatemala, 10 de diciembre de 2021.

_____. Entrevista personal. Guatemala, 27 de mayo de 2022.

_____. "Segunda carta a los corintios". Páginas 1505-1521 en *Comentario Bíblico Contemporáneo: Estudio de toda la Biblia desde América Latina*. Editado por C. René Padilla. Buenos Aires: Certeza Unida, 2019.

Morgenstern, Julian. "The Despoiling of the Egyptians". *Journal of Biblical Literature* 68, no. 1 (1949): 1-28.

Moulton, J. H. y W. F. Howard. *A Grammar of New Testament Greek, Volume II: Accidence and Word-Formation, with an Appendix on Semitisms in the New Testament*. London: T&T Clark, 2004.

Mullins, Terence Y. "Paul's Thorn in the Flesh". *Journal of Biblical Literature* 76, no. 4 (1957): 299-303.

Nieuwhof, Carey. *Leading Change Without Losing It: Five Strategies That Can Revolutionize How You Lead Change When Facing Opposition (The Change Trilogy for Church Leaders)*. Cumming, GA: The reThink Group Inc., 2012, versión Kindle.

Nowell, Irene. "Moses: The Embattled Leader of the Israelites in the Book of Numbers". *The Bible Today* 59, no. 1 (2021): 7-13.

Oropeza, B. J. *Exploring Second Corinthians: Death and Life, Hardship and Rivalry*. Rhetoric of Religious Antiquity 3. Atlanta, GA: Society of Biblical Literature Press, 2016.

_____. *Jews, Gentiles, and the Opponents of Paul: The Pauline Letters*. Apostasy in the New Testament Communities 2. Eugene, OR: Cascade Books, 2012.

Ortiz Ch., Mauricio. *Demonología en la teología de Marcos*. Salem, OR: Kerigma, 2020.

O'Shea, Bill. "The Mind and Message of Mark". 2017. http://evangelisationbrisbane.org.au/assets/uploads/the-mind-message-of-mark.pdf (18 de mayo de 2022).

Osterhaus, James P., Joseph M. Jurkowski y Todd A. Hahn. *Thriving through Ministry Conflict: A Parable on How Resistance Can Be Your Ally*. Grand Rapids, MI: Zondervan, 2010.

Oswalt, John N. *The Book of Isaiah Chapters 40-66*. The New International Commentary on the Old Testament. Editado por R. K. Harrison y Robert L. Hubbard. Grand Rapids, MI: Eerdmans, 1998.

Perrin, Nicholas. *The Kingdom of God: A Biblical Theology*. Bible Theology for Life. Grand Rapids, MI: Zondervan, 2019.

Piñero, Antonio. "Consulta sobre Mt 8:20". Correo electrónico enviado a Mauricio Ortiz Ch., 21 de diciembre de 2021.

_____. "Guía para entender a Pablo de Tarso: Una interpretación del pensamiento paulino". Video (min 37:25, 39:04). 18 de marzo de 2016, https://www.youtube.com/watch?v=N7vTo 7tw92Y (27 de octubre de 2022).

_____. *Jesús y las mujeres*. Colección Milenio. Madrid: Aguilar, 2008.

_____. "Testamento de Salomón". Páginas 323-388 en tomo 5 de *Apócrifos del Antiguo Testamento*. Editado por Alejandro Díez Macho, María Ángeles Navarro, Alfonso de la Fuente y Antonio Piñero. Madrid: Cristiandad, 1987.

Plummer, Alfred. *A Critical and Exegetical Commentary on the Second Epistle of St. Paul to the Corinthians*. Edinburgh: T&T Clark, 1999.

Polaski, Sandra Hack. "2 Corinthians 12:1-10: Paul's Trauma". *Review and Expositor* 105, no. 2 (2008): 279-284.

Pollack, Stuart. "The Speech Defect of Moses". *Jewish Bible Quarterly* 26, no. 2 (1998): 121-123.

Ponce, Jorge A. Entrevista personal. Guatemala, 29 de noviembre de 2021.

_____. "La metodología del SETECA para la administración del cambio organizacional y el grado en que la misma facilita al personal asimilar el cambio organizacional". Tesis de D.Min., Seminario Teológico de Dallas, 2006.

_____. *Liderazgo resiliente: Convirtiendo las oportunidades del nuevo comienzo en ventaja*. Guatemala: Punto Creativo, 2022.

Pop, Mardoqueo. "¿Qué hacer ante la adversidad?". Video (min 16:22). 19 de junio de 2022. https://www.youtube.com/watch?v=bn NDUYiVMU4 (5 de julio de 2022).

Price, Robert M. "Punished in Paradise (An Exegetical Theory on II Corinthians 12:1-10)". *Journal for the Study of the New Testament* 7 (1980): 33-40.

Real Academia Española. *Diccionario de la Real Academia Española*. 2021. https://dle.rae.es/.

Rediger, G. Lloyd. *Clergy Killers: Guidance for Pastors and Congregations Under Attack*. Louisville, KY: Westminster John Knox Press, 2009.

Reiss, Moshe. "Miriam Rediscovered". *Jewish Bible Quarterly* 38, no. 3 (2010): 183-190.

Robbins, Vernon K. "The Intertexture of Apocalyptic Discourse in the Gospel of Mark". Páginas 11-44 en *The Intertexture of Apocalyptic Discourse in the New Testament*. Society of Biblical Literature Symposium Series 14. Editado por Duane Frederick Watson. Atlanta, GA: Society of Biblical Literature, 2002.

Robertson, Archibald Thomas. *Word Pictures in the New Testament*. 6 tomos. Nashville, TN: Broadman Press, 1930.

Rodríguez, Raúl. "Primera carta a Timoteo". Páginas 1579-1589 en *Comentario Bíblico Contemporáneo: Estudio de toda la Biblia desde América Latina*. Editado por C. René Padilla. Buenos Aires: Certeza Unida, 2019.

Rogers, Cleon. "Moses: Meek or Miserable?". *Journal of the Evangelical Theological Society* 29, no. 3 (1986): 257-263.

Rolston, Holmes. "Ministry to Need: The Teachings of Jesus Concerning Stewardship of Possessions". *Interpretation* 8, no. 2 (1954): 142-154.

Ron, Zvi. "What is it? Interpreting Exodus 16:15". *Jewish Bible Quarterly* 38, no. 4 (2010): 231-236.

Rosenberg, Eliza Margaret. *The Representation and Role of Demon Possession in Mark*. Ottawa: Heritage Branch, 2007.

Rosman, Morris. "Moses: Not a Man of Words". *Jewish Bible Quarterly* 42, no. 2 (2014): 128-130.

Russell, Walt. "Who Were Paul's Opponents in Galatia?". *Biblioteca Sacra* 147, no. 587 (1990): 329-350.

Ryan, Jordan J. "Jesus and Synagogue Disputes: Recovering the Institutional Context of Luke 13:10-17". *Catholic Biblical Quarterly* 79, no. 1 (2017): 41-59.

Ryan, Richard M. y Edward L. Deci. "Self-Determination Theory and the Facilitation of Intrinsic Motivation, Social Development, and Well-Being". *American Psychologist* 55, no. 1 (2000): 68-78.

Sadler, Rodney S. "Can A Cushite Change His Skin? Cushites, 'Racial Othering' and the Hebrew Bible". *Interpretation* 60, no. 4 (2006): 386-403.

Samushonga, Hartness M. "Distinguishing Between the Pastor and the Superhero: God on Burnout and Self-care". *Journal of Pastoral Theology* 31, no. 1 (2021): 4-19.

Schaller, Lyle E. *The Change Agent: The Strategy of Innovate Leadership*. Nashville, TN: Abingdon Press, 1972.

Schellenberg, Ryan S. *Rethinking Paul's Rhetorical Education: Comparative Rhetoric and 2 Corinthians 10-13*. Early

Christianity and its Literature. Atlanta, GA: Society of Biblical Literature, 2013.

Scherer, James A. *Gospel, Church, & Kingdom: Comparative Studies in Word Mission Theology*. Eugene, OR: Wipf and Stock, 2004.

Schipani, Daniel S. Entrevista personal. Guatemala, 19 de enero de 2023.

_____. "La iglesia y el ministerio educativo: El contexto eclesial como paradigma". *Kairós* 37 (julio-diciembre de 2005): 121-131.

Schneider, Stanley. "Moses in Cush: Development of the Legend". *Jewish Bible Quarterly* 47, no. 2 (2019): 113-119.

Shafer-Elliot, Cinthia. *Food in Ancient Judah: Domestic Cooking in the Time of the Hebrew Bible*. BibleWorld Series. Editado por Philip R. Davies y James G. Crossley. New York, NY: Routledge, 2014.

Sharpes, Donald K. *Sacred Bull, Holy Cow: A Cultural Study of Civilization's Most Important Animal*. New York, NY: Peter Lang, 2006.

Shively, Elizabeth E. *Apocalyptic Imagination in the Gospel of Mark: The Literary and Theological Role of Mark 3:22-30*. Beihefte zur Zeitschrift für die Neutestamentliche Wissenschaft und die Kunde der Älteren Kirche 189. Berlin: De Gruyter, 2012.

Smit, Peter-Ben y Toon Renssen. "The *passivum divinum*: The Rise and Future Fall of an Imaginary Linguistic Phenomenon". *Filología Neotestamentaria* 27 (2014): 3-24.

Snodgrass, Klyne. "Jesus and Money-No Place to Hide and No Easy Answers". *Word & World* 30, no. 2 (2010): 135-143.

Solorza, Estrella. Entrevista personal. Google Meet. 4 de julio de 2022.

Sperling, S. David. "Miriam, Aaron and Moses: Sibling Rivalry". *Hebrew Union College Annual* 70 (1999): 39-55.

Starobinski, Jean. "An Essay in Literary Analysis - Mark 5:1-20". *The Ecumenical Review* 23, no. 4 (1971): 377-397.

Stroope, Michael W. *Transcending Mission: The Eclipse of a Modern Tradition*. Downers Grove, IL: InterVarsity Press, 2017.

Suazo, David. "El poder de la verdad para transformar culturas: El evangelio transforma a individuos, estructuras y sociedades (Hechos 16:11-40)". *Kairós* 37 (julio-diciembre de 2005): 97-104.

_____. Entrevista personal. Guatemala, 21 de octubre de 2022.

_____. *La justicia del reino: un comentario al sermón del monte*. Guatemala: Instituto CRUX, 2020.

Sumney, Jerry L. *"Servants of Satan", "False Brothers" and Other Opponents of Paul*. Journal for the Study of the New Testament. Supplement 188. Editado por Stanley E. Porter. Sheffield: Sheffield Academic Press, 1999.

_____. "Those Who 'Pass Judgement': The Identity of the Opponents in Colossians". *Biblica* 74, no. 3 (1993): 366-388.

Talbert, Charles H. "Money Management in Early Mediterranean Christianity: 2 Corinthians 8-9". *Review and Expositor* 86, no. 3 (1989): 359-370.

Tamez, Elsa e Irene Foulkes. *Diccionario conciso griego-español del Nuevo Testamento*. Stuttgart: Sociedades Bíblicas Unidas, 2013.

Tamez, Elsa e Isela Trujillo. *El Nuevo Testamento interlineal griego-español*. S.l.: Sociedades Bíblicas Unidas, 2012.

The Greek New Testament. 4a. ed. Editado por B. Aland, K. Aland, J. Karavidopoulos, C. M. Martini y B. M. Metzger. Stuttgart: Deutsche Bibelgesellschaft, 2000.

Thompson, Mary R. *Mary of Magdala: What The Da Vinci Code Misses*. New York, NY: Paulist Press, 2006.

Tuchez, Daniel. Entrevista personal. FaceBook. 2 de febrero de 2022.

Tyson, Joseph B. "Paul's Opponents in Galatia". *Novum Testamentum* 10, no. 4 (1968): 241-254.

Urrutia, Manolo. "Las asechanzas de Satanás y de los demonios al ministro". Correo electrónico enviado a Mauricio Ortiz Ch., 28 de enero de 2022.

Vander Hart, Mark D. "Being Christlike in Conflict: Perspectives from the Old Testament". *Mid-America Journal of Theology* 27 (2016): 111-121.

Van Oyen, Geert. "Demons and Exorcisms in the Gospel of Mark". Páginas 99-116 en *Demons and the Devil in Ancient and Medieval Christianity*. Editado por Nienke Vos y Willemien Otten. Leiden: Brill, 2011.

Vila, Samuel y Santiago Escuain. *Nuevo Diccionario Bíblico Ilustrado*. Terrassa: CLIE, 1985.

Wallace, Daniel y Daniel S. Steffen. *Gramática griega: Sintaxis del Nuevo Testamento*. Biblioteca Teológica Vida 13. Traducido por Daniel S. Steffen. Miami, FL: Vida, 2011.

Walton, John H., Victor H. Matthews y Mark W. Chavalas. *Comentario del contexto cultural de la Biblia: Antiguo Testamento*. El Paso, TX: Mundo Hispano, 2004.

Ward, Roy Bowen. "The Opponents of Paul". *Restoration Quarterly* 10, no. 4 (1967): 185-195.

Watts, Rikk E. "Mark". Páginas 111-250 en *Commentary on the New Testament use of the Old Testament*. Editado por G. K. Beale y D. A. Carson. Grand Rapids, MI: Baker, 2007.

Watts, Rikki E. *Isaiah's New Exodus in Mark*. Grand Rapids, MI: Baker, 2000.

Weinstein, Brian. "In Defense of Korah". *Jewish Bible Quarterly* 37, no. 4 (2009): 259-264.

Williams, Gary. "Observaciones". Correo electrónico enviado a Mauricio Ortiz Ch., 23 de enero de 2023.

Williams, Matthew C. "Teología de Lucas". *Kairós* 37 (julio-diciembre de 2005): 81-95.

Witherington III, Ben. *Conflict & Community in Corinth: A Socio-Rhetorical Commentary on 1 and 2 Corinthians*. Grand Rapids, MI: Eerdmans, 1995.

_____. *Women in the Ministry of Jesus: A Study of Jesus' Attitudes to Women and their Roles as Reflected in His Earthly Life*. Society for New Testament Studies Monograph Series 51. Editado por G. N. Stanton. New York, NY: Cambridge University Press, 1998.

Wright, Christopher J. H. "La misión de Dios: Leyendo toda la Escritura misionológicamente". Traducido por Miguel Reyes. *Kairós* 57 (julio-diciembre de 2015): 49-70.

_____. "Mission". Correo electrónico enviado a Mauricio Ortiz Ch., 10 y 20 de octubre de 2022.

_____. *The Great Story and the Great Commission: Participating in the Biblical Drama of Mission* (Grand Rapids, MI: Baker, 2023). Material inédito traducido por Mauricio Ortiz Ch. y usado aquí con permiso.

Wright, Paul. Entrevista personal. Guatemala, 17 de enero de 2023.

Yarbro Collins, Adela. *Mark: A Commentary*. Hermeneia: A Critical and Historical Commentary on the Bible. Editado por Harold W. Attridge. Minneapolis, MN: Fortress, 2007.

Zohary, Daniel, Maria Hopf y Ehud Weiss. *Domestication of Plants in the Old World: The Origin and Spread of Domesticated Plants in Southwest Asia, Europe, and the Mediterranean Basin*. Oxford: Oxford University Press, 2012.

www.ingramcontent.com/pod-product-compliance
Lightning Source LLC
Chambersburg PA
CBHW021109090426
42738CB00006B/570